Glossário de DIREITO CANÔNICO comparado

Os ordenamentos jurídicos da Igreja e do Brasil em paralelo

EDSON LUIZ SAMPEL

Glossário de DIREITO CANÔNICO comparado

Os ordenamentos jurídicos da Igreja e do Brasil em paralelo

EDITORA
SANTUÁRIO

Dados Internacionais de Catalogação na Publicação (CIP) de acordo com ISBD

S192g Sampel, Edson Luiz

Glossário de Direito Canônico comparado: os ordenamentos jurídicos da Igreja e do Brasil em paralelo / Edson Luiz Sampel. - Aparecida : Editora Santuário, 2024.
144 p. ; 14cm x 21cm.

ISBN: 978-65-5527-412-7

1. Religião. 2. Cristianismo. 3. Direito Canônico. 4. Igreja católica. 5. Brasil. I. Título.

2024-701 CDD 240
CDU 24

Elaborado por Vagner Rodolfo da Silva - CRB-8/9410

Índice para catálogo sistemático:
1. Religião : Cristianismo 240
2. Religião : Cristianismo 24

1ª impressão

Rua Pe. Claro Monteiro, 342 – 12570-045 – Aparecida-SP
Tel.: 12 3104-2000 – Televendas: 0800 - 0 16 00 04
www.editorasantuario.com.br
vendas@editorasantuario.com.br

Dedico este Glossário a Nossa Senhora Aparecida, que
é a mãe de Deus e, por isso, medeia todas as graças.
Dedico-o, também, a dona Lucília Corrêa de Oliveira que,
em 1968, faleceu em odor de santidade e um dia,
Deo volente, será canonizada. Dedico-o, ainda,
a minha esposa, Rejanete Grosz Sampel,
companheira de todas as horas.

SUMÁRIO

PRIMEIRO PREFÁCIO

O estudo comparativo do Direito Canônico com o Direito Estatal é muito proveitoso, sobretudo porque oferece a oportunidade singular de se analisar o instituto jurídico à luz do Evangelho e com vistas a uma compreensão da sua utilização no meio social.

O destaque que o Direito Comparado vem recebendo hodiernamente está na qualidade que possui de alargar o conhecimento jurídico de forma singular, fruto da reflexão humilde que todo estudioso do Direito deve possuir ao se deparar com os sinais da Revelação Divina nas regras que regem o comportamento humano em sociedade. Ademais, a proposta que permeia o paralelismo entre o Direito Canônico e o Direito Civil funda-se no "humanismo jurídico", na medida em que analisa as normas e os atos humanos sob o dúplice prisma de cidadão-crente, de ser social, com necessidades urgentes, mas com vistas à eternidade.

O Direito Canônico, ciência jurídica, é, a um só tempo, conhecimento humano e meio para a manifestação da Revelação Divina. O Direito Civil, a seu turno, é o portador da desafiante missão de regular todo o complexo de relações jurídicas do homem com ele próprio e com a sociedade.

Reunir os institutos jurídicos do Direito Canônico e comparar com o Direito Civil é um trabalho exigente, e certamente requereu de seu talentoso autor as virtudes da paciência, perseverança e sabedoria. A publicação deste Glossário será um auxílio valioso para os canonistas, civilistas e católicos que anseiam por uma melhor compreensão das particularidades que ambas as ciências guardam.

A ciência canônica rejubila-se com a contribuição do Professor Edson Sampel, e fazemos votos para que o trabalho que ora desponta produza frutos perenes.

Dom Denilson Geraldo, SAC
Bispo Auxiliar de Brasília
Professor da Faculdade de Direito Canônico
São Paulo Apóstolo

SEGUNDO PREFÁCIO

O *Glossário de Direito Canônico Comparado*, do Prof. Dr. Edson Sampel, é obra de indiscutível utilidade, não apenas para os que cursam, cursaram ou estudam este ramo especial do Direito da Igreja, mas fundamentalmente para quem precisa ter uma visão encadeada de cada um dos institutos estudados, com aqueles próprios do Direito Civil.

É interessante notar que, no início das Universidades - o maior presente da Igreja Católica Apostólica Romana à cultura universal -, nos primeiros doutoramentos, todos os aprovados recebiam o título de "Doutor de Direito Civil e Canônico", titulação essa que muitas universidades centenárias ainda emitem.

Meu falecido sócio e, talvez, no século passado, o maior conhecedor do imposto de renda no Brasil, Henry Tilbery, que defendeu na década de 80, aos 76 anos, seu doutoramento na Universidade Mackenzie, trazia em sua extensa bagagem acadêmica o referido título (1935) pela mais antiga universidade alemã, que fora fundada em Praga.

É que, como expliquei no meu livro "Uma Breve Introdução ao Direito", toda a conformação do Direito pré-romano estava integrada a uma concepção religiosa dos deuses de cada povo e o próprio Direito Romano, alicerçado no Direito Natural, jamais foi ignorado pelos jurisconsultos que fizeram história.

Mesmo após a derrocada do Império Romano do ocidente – no do oriente as Instituições Justinianas resgataram o Direito Romano com a mesma base do Direito Natural –, os bárbaros, em seus diversos reinos, mantiveram a espinha dorsal do Direito imperial amalgamado pelos costumes e regramentos locais.

Nesse período, a Igreja teve papel relevantíssimo na preservação da cultura e dos princípios que estruturavam o Direito dos reinos que se formavam, conformavam ou eram desfeitos durante a Idade Média. Assim, com o advento da Universidade, sob a influência da filosofia cristã dos séculos XII e XIII, a base jurídica anterior permanecia. E continua através dos séculos, mesmo nos períodos monárquicos absolutos ou das 2 guerras mundiais, que geraram a Declaração Universal dos Direitos Humanos de 1948 que, de rigor, é uma carta de Direito Natural.

Ainda assim, o laicismo dos que reagem com o fígado, ao invés de agirem com a cabeça, pretendeu destruir as religiões e o culto ao Criador, afastando todo e qualquer resquício de pensamento religioso e sua inequívoca relevância na história do mundo, na tentativa de confiná-lo às dependências dos templos religiosos, sem direito maior à exposição à sociedade. Vale lembrar que laicismo não se confunde com Estado laico, que é aquele no qual as instituições religiosas e públicas não se confundem, mas também não se excluem.

O livro de Sampel evidencia essa coexistência, tratando de 50 verbetes próprios do Direito Canônico a respeito de princípios e normas sincronizados com os do Direito Civil, tornando clara a similaridade entre muitos deles e o quanto vale a pena conhecer institutos do Direito Canônico comuns aos da sociedade.

Trata-se, pois, de obra necessária, muito bem escrita, como tudo o que vem da pena de Sampel, que preenche uma lacuna a ser refletida por juristas vinculados aos Direitos canônico, natural, público e privado, sem exclusão dos laicistas, pois o debate acadêmico não se faz com o espírito dos preconceituosos, mas sim com a inteligência captadora da realidade dos fatos.

Almejo, portanto, belíssima carreira editorial a este *Glossário de Direito Canônico Comparado*!

Ives Gandra da Silva Martins
Professor Emérito da Universidade Mackenzie
e da Escola Superior de Guerra (ESG)

APRESENTAÇÃO

De maneira bem simples, ora conceituamos o Direito Comparado como o ramo da Ciência Jurídica que estuda as diferenças e as semelhanças entre os ordenamentos estatais. Neste glossário, pomos lado a lado o Direito Canônico e o Direito Brasileiro.

Definimos o Direito Canônico como o "conjunto das normas gerais que regulam a vida social no grêmio da Igreja católica[1]" e o Direito Civil[2] ou Estatal também como um conjunto de normas, mas que regem a vida social no seio da comunidade política.

Em primeiríssima comparação, asseveramos que, de um modo geral, tanto o Direito Canônico quanto o Direito do Estado ou Estatal visam à justiça.

Este pequeno glossário, obra inédita de Direito Comparado Canônico, recolhe 50 "institutos jurídicos" ("entidades normativas autônomas ou não"), sacados do Código Canônico latino, contrastando-os com os institutos jurídicos congêneres do Direito Estatal ou com normatizações paralelas.

Não se abarca a integralidade dos institutos canônicos passíveis de comparação com os civis. Ativemo-nos aos que reputamos principais, excluindo, de propósito, a comparação entre o Direito Matrimonial Canônico e o Direito Matrimonial Civil, uma vez que tal empresa demandaria um

---

[1] Sampel, Edson Luiz. *Introdução ao Direito Canônico*, São Paulo: LtR, 2001, p. 15, *in fine*.

[2] Emprega-se aqui "direito civil" na acepção de direito estatal.

glossário exclusivo. Limitamo-nos, destarte, aos institutos mais relevantes nesta seara. Além disso, não desenvolvemos todos os pormenores dos institutos, mas estancamos no básico, ou seja, nos aspectos que identificam os institutos canônicos e estatais. Ao lado de cada verbete, quando possível, destacamos, entre parênteses, as fontes primordiais, canônica e estatal, do instituto em apreço, mencionando, geralmente, o primeiro cânon e artigo que regem a matéria.

Passemos a dois exemplos. No verbete PESSOA FÍSICA E PESSOA JURÍDICA, deparam-se-nos institutos jurídico-canônicos que têm similares no Direito Estatal. Portanto, pontuamos o essencial de cada ordenamento jurídico, frisando algumas semelhanças e dessemelhanças. Já no verbete PARÓQUIA, por não haver "paróquia civil", isto é, um instituto jurídico congênere ao canônico, evidenciamos a normatização estatal paralela e, assim, explicitamos o reconhecimento civil da paróquia, por força do Acordo Brasil-Santa Sé; comparamos a paróquia a um bairro do município etc.

Importante ressaltar que para o Direito Estatal, a fonte precípua será, em primeiro lugar, a Constituição da República, seguida dos Códigos e de leis extravagantes. Porém, sempre no básico, sem aprofundamentos.

Não é propósito deste glossário explanar os diversos institutos jurídicos; o objetivo do Direito Comparado restringe-se tão somente em enfatizar as semelhanças e dessemelhanças entre o Direito Canônico e o Direito do Estado. Sem embargo, em alguns verbetes, vê-se uma exposição mais pormenorizada, quer em virtude de polêmica ou da relevância do tema discutido. Às vezes, repete-se uma explicação já exposta em outro verbete, em virtude da conexidade dos temas.

Pergunta-se: qual é a utilidade do Direito Comparado, especificamente do Direito Comparado Canônico? Parece bastante claro que o Direito Comparado amplia o conhecimento jurídico, ou, ao menos, municia o estudioso com ferramentas para tanto, fornecendo ao operador do direito novíssimas nuanças e subsídios para melhor interpretação das leis.

No caso específico do Direito Canônico, o Direito Comparado supre certa fragilidade na formação da maioria dos especialistas, assaz ampla no campo teológico, porém, muito acanhada no âmbito propriamente da Ciência Jurídica (bacharelado em Direito Civil). Com efeito, na função de professor, quantas vezes não tivemos de arrostar dissertações de mestrado em Direito Canônico que se semelhavam a trabalhos teológicos, e não jurídicos?! Por quê? Exatamente porque falta ao aluno o manejo dos conceitos jurídicos fundamentais, assimilados na Faculdade de Direito, da mesma forma que o leigo que se dedica ao Direito Canônico geralmente carece de visão teológica, igualmente necessária.

Posto isto, o serviço prestado pelo Direito Comparado Canônico consiste em introjetar conceitos que enriqueçam a percepção do profissional ou estudante, estimulando certa "intuição jurídica", absolutamente imprescindível para que o Direito, Canônico ou Civil, não se transforme em legalismo, burocratismo, nem tampouco em teologismo.

ADMINISTRAÇÃO DE BENS

(Livro V do Código Canônico; cânon 1273 – Constituição Federal; artigo 20)

Em virtude do primado supremo, o Pontífice Romano é o administrador e distribuidor de todos os bens eclesiásticos[3]. No Estado, é óbvio, os bens públicos são administrados nas diversas esferas: federal, estadual e municipal. A Carta Magna arrola os principais bens públicos[4].

Os bens eclesiásticos se sujeitam igualmente à legislação do Estado. Aliás, as leis civis visam à custódia de tais bens, principalmente os imóveis, sejam eles de propriedade de qualquer pessoa.

O Direito Canônico prevê a criação de institutos que captem bens (recursos), com vistas no sustento do clero[5]. A propósito, as dioceses costumam carrear tributos à previdência estatal (INSS), para futura aposentadoria do clérigo. É a determinação do Código Canônico:

> "(...) cuide a conferência episcopal que haja uma instituição que proveja suficientemente a seguridade social dos clérigos"[6].

Embora a CNBB não tenha regulamentado este cânon, a maioria dos bispos não olvidam da seguridade social dos eclesiásticos incardinados na diocese.

O Código Canônico frisa a responsabilidade dos que gerem os bens eclesiásticos[7], porém, muitas dessas atribuições serão objeto de fiscalização dos órgãos civis, à medida que o

---

[3] Cânon 1273.

[4] Artigo 20 da Constituição Federal.

[5] Cânon 1274, §1º.

[6] Tradução de excerto do cânon 1274, §2º.

[7] Cânon 1284.

exercício do direito de propriedade é regrado principalmente pelo Estado[8]. Assim, os bens públicos do Estado sofrem ingente fiscalização.

Relativamente aos contratos de trabalho, o Código Canônico remete os administradores de bens ao Direito Estatal.[9] A diferença básica repousa em que geralmente os prestadores de serviço do Estado são nomeados entre os que lograram sucesso em concurso público de provas escritas[10]. Já na Igreja, os colaboradores são contratados de acordo com parâmetros particulares. De qualquer forma, assim como o salário mínimo do Estado, os proventos pagos por quem administra bens eclesiásticos devem ser justos, honestos, de maneira que o empregado consiga satisfazer convenientemente as necessidades pessoais e da família[11].

A denominada "ação de regresso", cabível contra os funcionários públicos que causem danos ao erário[12], também se encontra prevista no Código Canônico, pois os que abandonam o ofício de administradores de bens e provocam prejuízo à Igreja estão obrigados a restituir o devido[13].

ADVOGADO

(Livro VII do Código Canônico; cânon 1483 – Constituição Federal; artigo 133)

Conforme o conhecido bordão, "sem o advogado não se faz justiça!" Deveras, imprescindível o labor deste profissional. A denominada "capacidade postulatória", isto é, a aptidão para postular em juízo, se obtém com a constituição de um

8 Artigo 5º, XXII e XXIII da Constituição da República.

9 Cânon 1285.

10 Artigo 37, II, da Constituição da República.

11 Cânon 1286; artigo 7º, IV, da Constituição da República.

12 Artigo 37, §5º da Constituição da República.

13 Cânon 1289.

advogado. Via de regra, principalmente no processo civil, a parte se comunica com o juiz sempre por intermédio do advogado.

Para advogar nas causas civis, é mister a inscrição na Ordem dos Advogados do Brasil (OAB). É uma autarquia que fiscaliza a atuação dos advogados. A Constituição Federal em vigor dispõe sobre a atividade advocatícia:

> "O advogado é indispensável à administração da justiça, sendo inviolável por seus atos e manifestações no exercício da profissão, nos limites da lei"[14].

O advogado canônico, por seu turno, deve ser católico, doutor em Direito Canônico ou, ao menos, verdadeiramente experiente[15]. A exigência de o advogado que trabalha com processos canônicos professar a religião católica parece óbvia, contudo, já houve atritos com a Ordem dos Advogados do Brasil, em virtude de o constituinte contratar um advogado acatólico e sem perícia no Direito Eclesial. Sob o regime do Estado laico, não é tão simples fazer valer as exigências do Código Canônico, todavia, costuma-se apelar ao foro íntimo e à esfera religiosa, para justificar a exclusividade codicial[16].

No Direito Canônico, o termo "advogado" nem sempre corresponde ao profissional formado em Direito Civil, inscrito na OAB e, também, capacitado em Direito Canônico. Por exemplo, em alguns processos penais, determinado eclesiástico graduado em Direito Canônico funcionará como advogado do réu. Situação similar ocorre em certos procedimentos mais simples, não judiciais, em que se necessita de alguém para articular a defesa do suspeito ou acusado.

---

[14] Artigo 133.

[15] Cânon 1483.

[16] Houve um caso no Tribunal Eclesiástico de São Paulo, em processo de nulidade, no qual a demandada compareceu em juízo com um advogado que não correspondia aos padrões do Direito Canônico. O advogado em questão reclamou na OAB e esta autarquia oficiou ao tribunal eclesiástico, pedindo explicações.

APLICAÇÃO DAS PENAS

(Livro VI do Código Canônico; cânon 1341 – Constituição Federal; artigo 5.º, LIV; Código Penal Brasileiro; artigo 59)

No Direito Estatal só há um modo de aplicar as penas ou sanções encontradiças no Código Penal Brasileiro: o devido processo legal[17]. Na Igreja, vige, a princípio, a mesma norma garantidora. Com efeito:

> "O ordinário deve promover o procedimento judicial ou administrativo para impor ou declarar penas (...)"[18].

No Estado, igualmente, nem sempre o processo é judicial. Existe a possibilidade de processo administrativo, com o respeito ao contraditório e à ampla defesa do acusado[19]. Assim, por exemplo, um servidor público pode ser demitido do cargo por processo administrativo[20]. Mas, um juiz de direito só perderá o cargo mediante um processo judicial[21].

Se houver justas causas que dificultem a incoação de um processo judicial, no Direito Canônico, a pena pode ser infligida por decreto extrajudicial[22]. Sem embargo, deve ser respeitado o direito de defesa[23]. No Estado, se considerarmos as sanções fixadas pelo Código Penal Brasileiro, jamais se abrirá mão do princípio *nulla poena sine judicio* (a pena é nula sem o processo).

Com referência à aplicação da pena, o juiz canônico dispõe de várias alternativas. Veja-se, por exemplo, o teor do cânon 1343, que permite ao juiz definir o caso segundo sua consciência e prudência; além disso, pode mitigar a pena ou

---

17 Artigo 5º, LIV, da Constituição Federal.

18 Tradução de parte do cânon 1341.

19 Artigo 5º, LV, da Constituição Federal.

20 Artigo 22 da Lei 8.112/90 (Lei do Servidor Público Federal).

21 Artigo 95, I da Constituição Federal.

22 Cânon 1342, §1º.

23 Cânon 1720.

cambiá-la por uma penitência. No Direito Estatal, como vimos, o magistrado junge-se estritamente aos parâmetros legais, principalmente os indicados no Código Penal Brasileiro[24].

Demais, a elasticidade da judicatura canônica permite diferir a inflição da pena, abster-se de impor a sanção ou alterá-la por outra mais benigna etc.[25] São situações inconcebíveis no processo penal do Estado.

O cânon 1345, entre várias situações fáticas, vislumbra a hipótese do delito praticado por necessidade. Aqui podemos pensar no "furto famélico", ou seja, a subtração de víveres para aplacar a fome. O Estado também não pune este comportamento[26]. É o assim chamado "estado de necessidade", ancorado no direito natural.

Interessante reparar numa peculiaridade do Direito Processual Canônico: o recurso judicial contra as sentenças que impõem penas tem efeito suspensivo, isto é, obsta a aplicação da pena até o julgamento final[27]. A regra geral do Direito do Estado não costuma atribuir efeito suspensivo a esses recursos.

AQUISIÇÃO DE BENS

(Livro V do Código Canônico; cânon 1259 – Constituição Federal; artigo 37, XXI; Lei 8.666/93 [Licitações]; artigo 24, VIII)

A Igreja católica é *pessoa moral*[28], isto é, instituição de Direito Divino positivo. Como "pessoa", tem capacidade no mundo jurídico. O Acordo Brasil-Santa Sé reafirma a personalidade jurídica da Igreja "(...) e de todas as instituições

---

[24] Artigo 59.

[25] Cânon 1344.

[26] Artigo 24, *caput*, do Código Penal Brasileiro.

[27] Cânon 1353.

[28] Cânon 113, §1º.

eclesiásticas que possuem tal personalidade em conformidade com o Direito Canônico, desde que não contrariem o sistema constitucional e as leis brasileiras"[29]. O rol exemplificativo do artigo 3º. do Acordo Brasil-Santa Sé lista as seguintes entidades (ou pessoas jurídicas) que fruem de personalidade reconhecida pelo Estado: conferência episcopal, províncias eclesiásticas, arquidioceses, dioceses[30], prelazias territoriais ou pessoais, vicariatos e prefeituras apostólicas, administrações apostólicas pessoais, missões *sui iuris*, ordinariado militar, ordinariados para fiéis de outros ritos, paróquias, institutos de vida consagrada e sociedades de vida apostólica.

Todas as pessoas acima elencadas podem obter bens e administrá-los livremente. O Direito Canônico estipula que a Igreja pode adquirir bens temporais por todos os modos justos, de Direito Natural ou positivo, permitidos a outras pessoas[31]. O poder público estatal adquire bens em razão de contratos, fenômenos da natureza ou causas jurídicas. A aquisição pode ser originária ou derivada. Via de regra, a aquisição de bens depende de licitação[32].

Tradição

Cumpre ressaltar que os bens móveis se adquirem por "tradição" (*traditio*), vale dizer, pela passagem do bem de um proprietário (vendedor) a outro (comprador). Assim, por exemplo, a compra de cadeiras para a igreja se perfaz

---

[29] Artigo 3º, *caput*.

[30] Infelizmente, a letra do Acordo não primou pela correção técnica em vários pontos. Aqui um deles: "diocese" é gênero, do qual advêm, como espécies, "diocese" e "arquidiocese". Bastaria escrever "dioceses".

[31] Cânon 1259.

[32] Artigo 37, XXI da Constituição Federal e artigo 24, VIII da Lei 8.666/93.

juridicamente a partir do momento em que os aludidos assentos foram entregues ao pároco.

Transcrição

Os bens imóveis, como casas, prédios, fazendas etc., se adquirem por "transcrição", que consiste no registro do respectivo bem de raiz no cartório de imóveis. Quem primeiro registra o bem imóvel é seu dono, do ponto de vista jurídico.

Licitação

A "licitação" é a forma justa, honesta e democrática de o Estado adquirir bens ou serviços. Entre vários proponentes, escolhe-se aquele que oferece o menor preço. Nada obsta que na Igreja se proceda com a mesma cautela, principalmente nas aquisições vultosas, a fim de se evitarem malversações do dinheiro do povo de Deus.

Tributos

O Estado cobra tributos dos cidadãos. É mister que cada um contribua patrioticamente em prol da manutenção dos serviços públicos (hospitais, escolas, estradas, iluminação, esgoto, água potável etc.). *Mutatis mutandis*, na sociedade eclesiástica, o "dízimo", sempre pago com entusiasmo, cobre as principais despesas com a conservação dos templos e sustento da hierarquia (bispos e padres)[33].

Sem embargo, a par da munificência do dízimo, a autoridade eclesiástica pode instituir tributos propriamente ditos, isto é, prestações compulsórias similares às do Estado. É

---

33 É claro que a Igreja conta com inúmeras outras fontes de renda, como escolas, hospitais, aluguéis de imóveis etc.

o que preceitua o Código Canônico no cânon 1263. Segundo a letra do referido cânon, o tributo há de ser "moderado". Raramente, os bispos utilizam dessa faculdade administrativa com vistas na obtenção de numerário.

Feitas as comparações entre o Direito Estatal e o Direito Canônico, concluímos que, relativamente à aquisição de bens, o adimplemento das regras civis é indispensável sempre. A própria aquisição de bens rege-se mais pelo Direito Estatal que pelo Direito Canônico.

ASSOCIAÇÃO

(Livro II do Código Canônico; cânon 298 – Constituição Federal; artigo 5º, XVII, XVIII, XIX e XX; Código Civil Brasileiro; artigo 53; Acordo Brasil-Santa Sé [Decreto 7.107/2010]; artigo 3º)

Associar-se é direito natural. O homem é gregário e, portanto, tende a se unir aos semelhantes, a fim de atingir determinados objetivos dificilmente acessíveis pelo indivíduo isolado.

O Código Canônico preceitua que haja *associações* (*consociationes*), distintas dos institutos de vida consagrada e das sociedades de vida apostólica, sendo que através das ditas associações, busque-se fomentar vida mais perfeita, promover o culto público, a doutrina cristã ou realizar outras atividades de apostolado[34].

A Constituição da República traça parâmetros para as associações, começando (inciso XVI) e terminando (inciso XX) por reiterar o direito natural de o homem se associar livremente:

> "XVII- é plena a liberdade de associação para fins lícitos, vedada a de caráter paramilitar;

---

[34] Cânon 298.

> XVIII- a criação de associações e, na forma da lei, de cooperativas, independem de autorização, sendo vedada a interferência estatal em seu funcionamento;
> XIX- as associações só poderão ser compulsoriamente dissolvidas ou ter suas atividades suspensas por decisão judicial, exigindo-se, no primeiro caso, o trânsito em julgado;
> XX- ninguém poderá ser compelido a associar-se ou a permanecer associado[35]".

O Código Civil Brasileiro, por sua vez, descreve o caráter da *associação*:

> "Constituem-se as associações pela união de pessoas que se organizem para fins não econômicos. Ou seja, as associações são pessoas jurídicas de direito privado através da qual pessoas se congregam objetivando realizar determinada atividade fim sem intuito de obter lucro[36]".

Conforme escrevi alhures, "as associações de fiéis têm de atingir os objetivos estatutários no marco da sociedade civil, onde se encontra e atua a Igreja católica. Daí que esta temática corresponda ao clássico problema dos temas mistos, tutelados tanto pela sociedade política quanto pela sociedade eclesial"[37]. Deveras, o Acordo Brasil-Santa Sé reafirma a personalidade jurídica da Igreja católica, bem como das pessoas arroladas no artigo 3º, exemplificativamente (*numerus apertus*) e não exaustivamente.

As associações civis não necessitam de autorização do Estado para serem erigidas[38], ao passo que as da Igreja, mesmo as privadas, têm de submeter o estatuto à autoridade eclesiástica[39].

---

35 Artigo 5º da Constituição Federal.

36 Artigo 53.

37 Sampel, Edson Luiz. *As Associações de Fiéis, Capítulo VIII*; obra de Lluís Martínez Sistach. São Paulo: Fons Sapientiae, 2018, p. 196.

38 Artigo 5º, XVIII da Constituição Federal.

39 Cânon 299, § 3º.

ATO ADMINISTRATIVO

(Livro I do Código Canônico; cânon 35 – Constituição Federal; artigo 37)

O Código Canônico não define o "ato administrativo". Aliás, sabemos que não é da índole da lei apresentar conceitos ou definições. A lei apenas determina ou preceitua comportamentos. Na legislação estatal também não se acha a definição de ato administrativo e sua regulação está em diversas leis, inexistindo um *Código Administrativo.* Nada obstante, os parâmetros gerais se encontram no capítulo da Constituição Federal que disciplina a administração pública[40].

O ato administrativo é um tipo de ato jurídico. Os três Poderes da república ou do governo eclesiástico emanam atos jurídicos. Assim, temos o *ato legislativo*[41] (Poder Legislativo), o *ato judicial*[42] (Poder Judiciário) e o *ato administrativo*[43] (Poder Executivo). O ato administrativo pode ser *vinculado* ou *discricionário.* Este supõe "(...) grande margem de liberdade do agente público, que pode deliberar acerca da conveniência e da oportunidade da prática do ato administrativo[44]". Aquele não franqueia liberdade alguma ao praticante do ato.

Na classificação canônica, todo ato administrativo é *decreto* ou *rescrito.* O *decreto* certamente vislumbra paralelo no Direito Estatal. Já o *rescrito* é ato administrativo tipicamente canônico, emitido por escrito pela autoridade competente executiva, depois de requerimento do interessado, concedendo

---

40 Artigo 37 da Constituição Federal.

41 A lei.

42 A sentença.

43 No Direito Canônico, o *decreto* e o *rescrito.*

44 Sampel, Edson Luiz. *A Responsabilidade Cristã na Administração Pública*, São Paulo: Paulus, 2011, p. 27.

algum privilégio, dispensa ou outra graça[45]. Chama-se *rescrito*, "(...) porque o concedente em geral registra o teor do ato administrativo, com deferimento ou indeferimento, escrevendo no verso ou anverso da própria petição do interessado[46]".

Privilégio e dispensa

O instituto canônico do *privilégio* tem similar no *indulto*[47] do Direito Estatal. Com efeito, cuida-se de instrumentos jurídicos que visam a mitigar o rigor da lei, cuja generalidade muita vez degenera em injustiça (*summum ius, summa iniuria*). A *dispensa da lei*, por seu turno, parece ser ato administrativo tipicamente canônico.

ATO JURÍDICO

(Livro I do Código Canônico; cânon 124 - Código Civil Brasileiro; artigo 104)

O Direito, de um modo geral, distingue o "ato jurídico" do ato meramente humano (também conhecido como "ato do homem"), o qual não tem implicações jurídicas. Por exemplo, respirar é ato estritamente humano; não há conotações jurídicas neste procedimento fisiológico, a menos que alguém seja impedido de respirar ou ocorra outra vicissitude ou circunstância específica. Diz-se, então, que respirar é fato natural.

Neste diapasão, a doutrina alemã define o "ato jurídico" como a manifestação da vontade que produz efeitos jurídicos, causando a aquisição, modificação ou extinção de direitos.

---

45 Cânon 59, §1º.

46 Sampel, Edson Luiz. *Resumo de Direito Canônico*, 2ª edição. Aparecida: Santuário, 2018, p. 37.

47 Artigo 84, XII, da Constituição Federal.

O Direito Canônico regula os atos jurídicos e estabelece para a validade dos referidos atos sujeito capaz, presença dos elementos essências, formalidade, bem como outros requisitos imprescindíveis, dependendo do caso concreto[48].

Na mesma toada, o Direito do Estado também determina os itens que obrigatoriamente deve conter o "ato jurídico" válido, a saber:

> "A validade do negócio jurídico requer: I - agente capaz; II - objeto lícito, possível, determinado ou determinável; III - forma prescrita ou não defesa em lei"[49].

Muito poderia ser dito a respeito do tema, mas isto foge ao nosso propósito de Direito Comparado; restringimo-nos sempre ao essencial de cada instituto jurídico. Nada obstante, note-se que o "objeto possível", referido pela lei civil, consiste em ditame do Direito Natural. Pensemos, por exemplo, no cânon 1095, 3º, o qual torna inválido o matrimônio (ato jurídico) em que um dos cônjuges, em virtude de problemas psíquicos, não pode assumir as obrigações essenciais do connúbio. Para essas pessoas, o objeto do ato jurídico ou do matrimônio *in fieri* simplesmente não é possível de cumprir.

COISA JULGADA

(Livro VII do Código Canônico; cânon 1641 – Constituição Federal; artigo 5º, XXXVI; Código de Processo Civil; artigo 502)

A segurança jurídica exige o fenômeno processual da *coisa julgada* ou *caso julgado*, salvaguardado pela Carta Magna[50]. Em certo momento, não há mais recurso possível. A

---

48 Cânon 124, § 1º.

49 Artigo 104 do Código Civil Brasileiro.

50 Artigo 5.º, XXXVI da Constituição Federal.

Justiça diz definitivamente de quem é o direito controverso. Eis o conceito do Código de Processo Civil Brasileiro:

> "Denomina-se coisa julgada material a autoridade que torna imutável e indiscutível a decisão de mérito não mais sujeita a recurso"[51].

O Direito Processual Canônico também regula a *coisa julgada* (*res iudicata*), determinando que ela goza da firmeza do direito e não pode ser diretamente impugnada[52].

Nada obstante, o Direito Processual Civil e o Direito Processual Canônico preveem um tipo de ação contra a coisa julgada. Aquele, por meio da *ação rescisória*[53]; este, mediante a *restituição por inteiro*[54], que tem origem no Direito Romano[55].

A *ação rescisória* será admitida tão somente nalgumas situações assaz restritas. Na hipótese de ocorrer alguma das seguintes condições:

> "(...) se verificar que foi proferida por força de prevaricação, concussão ou corrupção do juiz;
> II - for proferida [a sentença] por juiz impedido ou por juízo absolutamente incompetente;
> III - resultar de dolo ou coação da parte vencedora em detrimento da parte vencida ou, ainda, de simulação ou colusão entre as partes, a fim de fraudar a lei;
> IV - ofender a coisa julgada;
> V - violar manifestamente norma jurídica;
> VI - for fundada em prova cuja falsidade tenha sido apurada em processo criminal ou venha a ser demonstrada na própria ação rescisória;
> VII - obtiver o autor, posteriormente ao trânsito em julgado, prova nova cuja existência ignorava ou de que não pôde

---

[51] Artigo 502.

[52] Cânon 1642, §1º.

[53] Artigo 966 e seguintes do Código de Processo Civil Brasileiro.

[54] Cânon 1645.

[55] Cruz, José Ávila. *Restitutio in Integrum, Evolução do Direito Romano até o Codex* (tese doutoral defendida em 2009 perante banca da Pontifícia Universidade Lateranense, p. 13.

> fazer uso, capaz, por si só, de lhe assegurar pronunciamento favorável;
> VIII - for fundada em erro de fato verificável do exame dos autos"[56].

O Direito Processual Canônico restringe a *restituição por inteiro* às seguintes ocorrências, caraterizadoras de manifesta injustiça:

> "1º. Se a sentença de tal maneira se embasa em provas que posteriormente se revelem falsas, fazendo com que a parte dispositiva da sentença resulte insustentável;
> 2º. Se se descobrem posteriormente documentos que provam sem lugar à dúvida fatos novos que exijam decisão contrária;
> 3º. Se a sentença foi prolatada por dolo de uma parte em prejuízo da outra;
> 4º. Se é evidente o desprezo à prescrição de uma lei não meramente processual;
> 5º. Se a sentença contradisser uma decisão precedente que passou em julgado"[57].

CONCILIAÇÃO

(Livro VII do Código Canônico; cânon 1446 – Código de Processo Civil Brasileiro; artigo 334).

Não paira dúvida acerca da importância do Direito Canônico na estruturação do ordenamento jurídico estatal. Vários institutos hodiernos provieram do Direito da Igreja católica: a figura do advogado, o processo escrito, o registro civil, o inquérito policial, só para citar uns poucos.

A conciliação estatal é decerto corolário ou fruto magnífico do ideário pacificador do cristianismo. Eis a tradução do cânon 1713:

---

[56] Artigo 966, *caput*, do Código de Processo Civil Brasileiro.

[57] Tradução do cânon 1645, §2º.

> "Para evitar contendas judiciais, emprega-se utilmente a composição ou a reconciliação, ou pode-se confiar a controvérsia ao juízo de um ou mais árbitros".

Ultimamente, o Conselho Nacional de Justiça, órgão de controle externo do Poder Judiciário, tem estimulado o procedimento conciliatório em todo o país. De fato, o Poder Judiciário, por meio dos tribunais e dos órgãos da primeira instância, vem criando organismos permanentes de conciliação. Tanto a Justiça Estadual quanto a Justiça Federal estão seriamente comprometidas na celebração de acordos entre as partes.

No âmbito da Justiça Estadual, onde vigem direitos disponíveis, a possibilidade de conciliação é praticamente sem limites. Se não, vejamos. José abalroa o automóvel de João. Não tem como pagar o prejuízo. Nada obsta que o juiz homologue um acordo no qual José, que é pintor, se obriga a quitar o débito, passando uma demão de tinta na casa de João.

Quando se pensa na Justiça Federal, parece que não há caminhos para a conciliação. Deveras, os juízes federais julgam causas nas quais um ente público, por exemplo, a União Federal, encontra-se sempre presente num dos polos da relação processual, já como autor, já como réu. Nesta seara, não se fala em disponibilidade de direitos, vale dizer, não vigora plena liberdade de conciliar. Nada obstante, não é impossível a conciliação na área federal.

As autoridades governamentais de nosso país têm de incrementar a conciliação, tornando-a uma forma institucional de resolução de conflitos. Assim, conferir-se-á vitalidade jurídica a um valor ético latente no organismo social, qual seja, a conciliabilidade inerente à alma humana.

CONSTITUIÇÃO

(Livro II do Código Canônico; cânon 208 – Constituição Federal)

Todo Estado possui uma constituição, isto é, uma lei superior que regula ao menos o exercício do poder e tutela os direitos individuais e sociais, com vistas no bem comum, causa final da sociedade política. Este conteúdo jurídico é o essencial de qualquer constituição, o mínimo básico.

A constituição brasileira, chamada de Constituição Federal, optou por incorporar não apenas as temáticas tipicamente constitucionais, mas igualmente assuntos que poderiam ser disciplinados em leis ordinárias ou infraconstitucionais. Desta feita, por exemplo, as normas e princípios tributários, prescritos a partir do artigo 145, não são essencialmente constitucionais. Assim, estudando a Constituição Federal, a doutrina costuma diferençar entre o que é materialmente constitucional, isto é, por definição pertence à constituição do Estado, e aquilo que é formalmente constitucional, ou seja, encontra-se na Constituição Federal e, portanto, ganhou a firmeza inerente à Carta Magna.

A Igreja Católica não conta com uma constituição nos moldes da Constituição Federal brasileira, vale dizer, um diploma legal autônomo. No fim do Concílio Vaticano II, cogitou-se em promulgar a *Lex Ecclesiae Fundamentalis*, que corresponderia, *mutatis mutandis*, a uma constituição jurídica de Estado. Porém, o projeto não caminhou adiante.

Sem embargo, a Igreja efetivamente possui uma Constituição jurídica, de Direito Divino Positivo, cujo conteúdo se localiza no Código Canônico (exemplo: o cânon 208 e seguintes, com a prescrição dos direitos e deveres dos fiéis). Aliás, alguns cânones integravam o malogrado projeto da *Lex Ecclesiae Fundamentalis* e foram simplesmente incluídos no atual Código Canônico.

Lei constitucional ou inconstitucional

Importante consignar que o Direito Constitucional Canônico prevê também o controle da constitucionalidade das normas jurídicas ordinárias[58]:

> "(...) todas as normas jurídicas ordinárias ou infraconstitucionais têm de se subordinar à constituição, isto é, não pode haver antinomia entre a constituição e qualquer lei ordinária, pois, em última análise, as leis ordinárias existem para o cumprimento da constituição"[59].

Neste sentido, por exemplo, padeceria de vício de inconstitucionalidade uma lei diocesana ou mesmo qualquer cânon do Código Canônico que atritasse com o cânon 330, o qual preceitua o primado do pontífice romano, norma jurídica eminentemente constitucional. Em outras palavras, o cânon 330 faz parte da Constituição da Igreja e, *ipso jure*, prepondera sobre a maioria dos outros cânones do Código Canônico, bem como sobre quaisquer leis infraconstitucionais ou ordinárias (leis extravagantes).

Constituição dogmática *Lumen Gentium*

Apenas uma palavrinha, para dirimir eventual confusão. A constituição dogmática *Lumen Gentium*, do Concílio Vaticano II, não é norma jurídica em sentido estrito (não é a Constituição da Igreja referida acima). Neste maravilhoso documento, os padres conciliares delinearam a Igreja fundada por Cristo sob o aspecto doutrinal. Nada obstante, quando da elaboração do Código Canônico, o Supremo Legislador

---

58 Idêntico fenômeno ocorre no Direito Constitucional Estatal.

59 Sampel, Edson Luiz. *Noções de Direito Constitucional Canônico*, Aparecida: Editora Santuário, p. 25.

procura pôr em forma jurídica o ideário registrado nos dezesseis documentos do Concílio Vaticano II.

Constituição do Estado do Vaticano

A Constituição do Vaticano, intitulada Lei Fundamental do Estado da Cidade do Vaticano, obviamente não é a Constituição da Igreja Católica à qual aludimos linhas atrás. O Vaticano, ao lume do Direito Público Internacional, é um Estado como qualquer outro. Sendo assim, necessita de uma Constituição, a qual regerá o menor país do mundo, a cidade do Vaticano, governada pelo pontífice romano.

CONTESTAÇÃO DA LIDE

(Livro VII do Código Canônico; cânon 1513 – Código de Processo Civil; artigo 335)

De acordo com o Direito Processual Civil, no prazo de quinze dias úteis[60], o réu deve interpor contestação à petição inicial.

No processo canônico, as coisas são um pouco diferentes. Há "contestação" e "litiscontestação". A "contestação", como no processo civil, caracteriza-se pela resposta do demandado ao libelo do demandante. Por outro lado, entende-se por "litiscontestação" o decreto do juiz que fixa os limites da controvérsia[61]. Contra este decreto que traça os parâmetros da demanda cabe recurso de qualquer parte em 10 dias[62].

As demais regras que norteiam o limiar da demanda assemelham-se bastantemente. Assim, os limites estabelecidos

60 Artigo 335, *caput*, do Código de Processo Civil Brasileiro.

61 Cânon 1513, § 1º.

62 Cânon 1513, §3º.

pelo juiz canônico no mencionado decreto não podem ser modificados[63]. Semelhantemente, no Direito Processual Civil, depois do despacho saneador[64] emitido pelo juiz, não se costumam alterar os termos da demanda.

O passo que segue à contestação (Direito Estatal) e à litiscontestação (Direito Canônico) é a abertura do prazo de instrução do processo (produção de provas), tanto no Direito Processual Civil quanto no congênere canônico. Na verdade, é lógica elementar, da qual não poderia fugir o processo judicial.

CONTRATO

(Livro V do Código Canônico; cânon 1290 - Constituição Federal; artigo 22, XXVII)

Os contratos, quer disciplinados pelo Direito Estatal, quer regrados pelo Direito Canônico, estribam-se no Direito Natural: *pacta sunt servanda*. Em português: Os pactos ou avenças têm de ser cumpridos! Mas, é claro, certas circunstâncias ou vicissitudes eventualmente atenuam esse princípio, que não é absoluto. Além disso, há os *distratos*, vale dizer, acordos para desfazer os contratos.

A Constituição Federal outorga à União a competência para legislar sobre contratos celebrados apela administração pública[65].

No Direito Civil, ramo mais importante do Direito Estatal, o contrato consta como uma das fontes das obrigações. Com efeito, ensina Washington de Barros Monteiro:

---

63 Cânon 1514.

64 Artigo 357, II, do Código de Processo Civil Brasileiro.

65 Artigo 22, XXVII.

> "Três são as fontes das obrigações: contratos, declarações unilaterais da vontade e atos ilícitos. A elas, pode ser adicionada uma quarta: a lei"[66].

Bastante elucidativa a definição de contrato exposta por Washington de Barros Monteiro. *Mutatis mutandis*, ela se aplica ao Direito Canônico também. Ei-la:

> "Mútuo consenso de duas ou mais pessoas sobre o mesmo objeto"[67].

É a definição formulada por Ulpiano traduzida em vernáculo.

O Código Civil Brasileiro estipula que a liberdade contratual será exercida nos limites da "função social do contrato"[68]. A propriedade tem função social e igualmente o contrato. Vivemos em comunidade e as leis não podem deixar de ser elaboradas à luz da harmonia entre os homens. A propósito, diz-se acertadamente que "o contrato é lei entre as partes".

O Direito da Igreja praticamente "batiza" (chancela) a legislação estatal sobre contratos. Deveras, preceitua o Código Canônico em vigor:

> "O que em cada território estabelece o Direito Civil sobre os contratos, tanto em geral como em particular, e também sobre os pagamentos, deve observar-se com os mesmos efeitos pelo Direito Canônico em matérias sujeitas ao poder de regime da Igreja, salvo se contrariar o Direito Divino ou se o Direito Canônico prescrever outra coisa (...)"[69].

Assim como no Direito Estatal, o ordenamento jurídico eclesiástico comporta normas mais robustas para

---

66 Monteiro, Washington de Barros. *Curso de Direito Civil,* São Paulo: Saraiva, 1985, p. 3.

67 Monteiro, Washington de Barros, *Curso de Direito Civil,* São Paulo, Saraiva, 1985, p. 4.

68 Artigo 421 do Código Civil Brasileiro.

69 Tradução do cânon 1290.

determinados contratos. Desta feita, *e.g.*, a alienação de bens cujo valor exceda a quantidade mínima, requer causa justa, taxação, além de se observarem as cautelas impostas pela autoridade legítima[70]. Vemos também esse rigor ao se exigir a participação da conferência episcopal em certos contextos que impliquem o arrendamento de bens da Igreja[71].

O texto escrito do contrato não é propriamente a avença, o pacto celebrado entre duas ou mais pessoas, físicas ou jurídicas. O escrito é o "instrumento do contrato", é dizer, a prova pré-constituída de que houve consenso acerca de determinada prestação ou objeto contratual. Por este motivo, um contrato também pode ser provado por testemunhas ou simplesmente executado pelas partes (os contratantes) sem a imperiosidade do instrumento em papel impresso, materializando o que foi acordado ou contratado. Em geral, a forma escrita advém do Direito Canônico. É contributo histórico do Direito Canônico ao Direito Estatal moderno.

COSTUME

(Livro I do Código Canônico; cânon 23 – Lei de Introdução às Normas do Direito Brasileiro [Decreto-Lei 4.657/1942]; artigo 4º)

Antes de mais nada, esclareça-se que o Direito Estatal brasileiro é de base romanística, isto é, estriba-se em leis escritas, e não em costumes. O ordenamento jurídico inglês, por exemplo, é costumeiro ou consuetudinário (*Common Law*), exatamente porque se embasa nos costumes.

Nem por isso, o Direito Estatal do Brasil despreza os costumes. Em certas circunstâncias, o costume pode importar bastante. Pense-se, a título de exemplo, nas normas que regulam as negociações mercantis. Muitos desses

---

70 Cânon 1293.

71 Cânon 1297.

regramentos partem de costumes longevos ou imemoriais. Demais, consoante dispõe a Lei de Introdução às Normas do Direito Brasileiro, quando houver omissão na lei, o juiz decidirá o caso concreto de acordo com a analogia, os costumes e os princípios gerais de direito[72].

É preciso compreender que, de certo modo, o costume, embora exíguo hoje em dia na sociedade eclesiástica e na sociedade política, ainda assim, aflora a norma jurídica que talvez mais se coadune com a vontade popular, pois nasce nas entranhas da comunidade. Parece mais palatável que a lei. Daí o Código Canônico asseverar que o costume é ótimo intérprete da lei[73].

Os estudiosos colocam o costume e a lei como fontes imediatas do Direito. As fontes mediatas ou indiretas são a jurisprudência e a doutrina.

O Direito da Igreja também é de base romanística e, portanto, fulcra-se em leis, não em costumes. Os códigos são leis estruturadas, concatenadas e coordenadas num único diploma legislativo. O ordenamento jurídico da Igreja católica não é consuetudinário, mas legal. O Código Canônico em vigor dedica apenas seis cânones ao costume[74].

CUSTA JUDICIAL

(Livro VII do Código Canônico; cânon 1649 – Constituição Federal; artigo 5º, LXXIII; Código de Processo Civil Brasileiro; artigo 82)

O regular andamento do processo judicial importa gastos de variegada ordem. Assim, tanto o Estado quanto a Igreja preveem o recolhimento de custas, as quais não

---

[72] Decreto-Lei 4.657/1940, artigo 4º.

[73] Cânon 27.

[74] Cânones 23 a 28.

respondem pela totalidade das despesas, mas mitigam um pouco os dispêndios.

O autor do processo geralmente comprova o pagamento das custas com guia anexada à petição inicial. Ao cabo do feito, arcará com a integralidade das custas a parte vencida[75].

O Direito Canônico regula a matéria de modo parecido, ao estatuir que o bispo ou o moderador do tribunal eclesiástico normatize o pagamento ou a compensação das custas judiciais[76].

Justiça gratuita

Quando, em 2015, o Papa Francisco reformulou o procedimento de nulidade de matrimônio, no proêmio da carta apostólica *Mitis Iudex Dominus Iesus*, o pontífice romano ressalta a imperiosidade de que os processos sejam gratuitos. No dia a dia dos tribunais eclesiásticos, vemos que a gratuidade completa não é possível, todavia, os que carecem de meios financeiros também são atendidos, quer pelo decréscimo das custas quer pela isenção plena.

O poder judiciário do Estado defere a chamada justiça gratuita, com isenção cabal das custas, aos litigantes que se declararem tecnicamente pobres, vale dizer, às pessoas físicas ou jurídicas hipossuficientes, com parcos haveres econômicos[77]. Além disso, na chamada Ação Popular[78], não se cobram custas judiciais[79].

---

75 Artigo 82 do Código de Processo Civil Brasileiro.

76 Cânon 1649, § 1º, 1º.

77 Artigo 98 do Código de Processo Civil Brasileiro.

78 Ação judicial proposta por qualquer cidadão, visando à anulação de ato lesivo ao patrimônio público.

79 Artigo 5º, LXXIII da Constituição Federal.

DELITOS CONTRA A VIDA, A DIGNIDADE E A LIBERDADE DO HOMEM

(Livro VI do Código Canônico; cânon 1397 – Constituição Federal; artigo 5º, XLVII, "a"; Código Penal Brasileiro; artigo 121)

A dignidade humana se avilta de inúmeros modos. Hodiernamente, o preconceito e o racismo avultam-se sobremaneira. Com efeito, a sociedade anda desprovida de valores éticos; o egoísmo prepondera.

O Estado, sociedade política, e a Igreja, sociedade eclesiástica, porfiam em prol de mecanismos que interditem os comportamentos malsãos. A educação decerto contribui muitíssimo em prol da convivência fraterna e harmoniosa. Mas, a lei outrossim incide sobre atitudes vis, como, por exemplo, o racismo, acoimando tal prática com pesadas penas. Igualmente a sociedade contemporânea cunhou um termo, "homofobia", com vistas a coibir gestos e palavras que ofendam os homossexuais. Aliás, a homofobia restou equiparada ao racismo em acórdão do Supremo Tribunal Federal. A moral católica somente chancela a heterossexualidade binária, no entanto, prescreve que os homossexuais "devem ser acolhidos com respeito, compaixão e delicadeza", evitando-se para com eles "(...) qualquer sinal de discriminação injusta[80]".

A liberdade, sobremodo a de ir e vir aonde a pessoa quiser, abroquela-se mediante o remédio jurídico conhecido por *habeas corpus*. Consta da Carta Política:

> "Conceder-se-á *habeas corpus* sempre que alguém sofrer ou se achar ameaçado de sofrer violência ou coação em sua liberdade de locomoção, por ilegalidade ou abuso de poder[81]".

---

80 Catecismo da Igreja Católica, n. 2358.

81 Artigo 5º, LXVIII.

Inexiste formalidade na impetração do *habeas corpus*. Qualquer um pode fazê-lo, a favor de si mesmo ou de outrem. Uma folha de papel manuscrita na cadeia já basta para pôr em ação esse valoroso remédio, criado pelo rei João Sem Terra em 1215[82].

O Direito Canônico pune severamente o homicídio, o rapto ou sequestro e a mutilação[83]. As penas são "expiatórias" e impõem a compulsoriedade de residência em local determinado[84], o pagamento de multa[85], a proibição do desempenho de determinadas atividades[86] etc., entre outras tantas reprimendas penais listadas no cânon 1336. Obviamente, a maioria dessas penas atinge somente os clérigos. Sem embargo, quem mata uma pessoa subsome-se ao tipo do artigo 121, do Código Penal Brasileiro, assim redigido: "Matar alguém: pena - reclusão, de seis a vinte anos". De fato, o Estado goza do poder coercitivo pleno e, assim, priva da liberdade quem perpetrou um crime. Não há pena de morte[87].

O sequestro (ou rapto) e a mutilação também se castigam com leis estatais. A lesão corporal muita vez implica a mutilação, conforme preceitua o Código Penal Brasileiro:

> "Artigo 129. Ofender a integridade corporal ou saúde de outrem: pena - detenção, de três meses a um ano".

Se a lesão corporal produzir a debilidade permanente de membro, sentido ou função, a pena chega à reclusão

---

82 Interessante situação ocorreu com o pe. Loddi, famoso antiabortista de Anápolis, GO, que protocolou, com êxito, um *habeas corpus* para impedir um aborto. Posteriormente, o zeloso presbítero sofreu um processo judicial.

83 Cânon 1397.

84 Cânon 1336, §2°, 1°.

85 Cânon 1336, §2°, 2°.

86 Cânon 1336, §3°.

87 Artigo 5°, XLVII, a, da Constituição Federal.

de dois a oito anos[88]. O sequestro ou rapto, crime hediondo e gravíssimo, depara-se com a pena imposta pelo Código Penal Brasileiro:

> "Artigo 148. Privar alguém de sua liberdade, mediante sequestro ou cárcere privado: pena – reclusão, de um a três anos".

Obviamente, essas penas podem ser todas majoradas intensamente, dependendo das circunstâncias em que o delito foi praticado.

Os atos tipificados no cânon 1398 encontravam-se em legislação esparsa[89] até junho de 2022, quando se promulgou o novo Livro Sexto do Código Canônico, isto é, o novo Direito Penal Canônico. Deve-se notar que os delitos contra o sexto mandamento do Decálogo praticados por clérigos com menores e vulneráveis assemelham-se aos tipos do Direito Estatal, conforme explicamos acima.[90]. Ambos os ordenamentos jurídicos recriminam severamente as infrações deste jaez cometidas com um menor ou com quem tem habitualmente uso imperfeito da razão. Desta feita, pune-se quem recruta ou induz um menor ou uma pessoa com deficiente uso da razão a expor-se pornograficamente ou a participar de exposições pornográficas, reais ou simuladas. Além disso, exatamente na trilha do Direito Estatal, o ordenamento jurídico penal da Igreja pune o clérigo que imoralmente adquire, conserva, exibe ou divulga, em qualquer forma ou em qualquer instrumento, imagens pornográficas de menores ou de pessoas desprovidas do uso hígido da razão. O clérigo

---

[88] Artigo 129, §2º.

[89] Carta Apostólica *Vos estis lux mundi*, de 9/5/2019.

[90] Estatuto da Criança e do Adolescente, Lei 8.069/1990.

pedófilo, além da pena privativa de liberdade imposta pelo Estado sujeita-se às reprimendas canônicas do cânon 1398[91].

DELITOS EM PARTICULAR

(Livro VI do Código Canônico; cânon 1367 – Código Penal Brasileiro; artigo 26 etc.)

O Direito Penal Canônico pune determinadas condutas, tipificando-as, com vistas na preservação de bens augustíssimos. Na mesma toada, é claro, caminha o Estado. É sempre bom lembrar que a Igreja, sendo sociedade, não pode prescindir das reprimendas.

À guisa do propósito deste livro, foquemos os delitos canônicos outrossim penalizados pelo Estado.

Abandono intelectual

O Estado, com efeito, determina a detenção ou multa aos pais que desdenham da educação dos filhos:

> "Deixar, sem justa causa, de prover a instrução primária de filho em idade escolar. Pena – detenção de quinze dias a um mês, ou multa"[92].

Esta conduta desabonadora do pátrio-poder a doutrina denomina de "abandono intelectual".

O Direito Penal canônico tipifica atitude análoga. Vejamos:

---

[91] Em 2020, escrevi um artigo científico, publicado na Revista *Lumen Veritatis*, no qual sugeria a excomunhão automática do clérigo no preciso momento em que ele conjugasse um dos verbos do tipo penal da então Carta Apostólica *Vos estis lux mundi*, hoje, desde junho de 2022, cânon 1398: "praticar", "exibir", "possuir", "distribuir", "recrutar" e "induzir".

[92] Artigo 246 do Código Penal Brasileiro.

> "Os pais, ou quem fazem suas vezes, que entregam os filhos para que sejam batizados ou educados em religião acatólica, devem ser punidos com censura ou outra pena justa"[93].

Crimes cometidos pelos meios de comunicação social

O Estado coíbe os crimes perpetrados pelos meios de comunicação social. Assim, por exemplo, os delitos de racismo e de preconceito à religião, à raça ou etnia, efetivados "por intermédio dos meios de comunicação social ou publicação de qualquer natureza", são acoimados com reclusão de dois a cinco anos e multa[94].

A Igreja, por sua vez, aplica pena justa à pessoa que, em espetáculo ou reunião pública, em escrito ou de qualquer modo, pelos meios de comunicação social (*instrumentis communicationis socialis*), profere blasfêmia, atenta gravemente contra os bons costumes, injuria a religião ou a Igreja ou suscita ódio ou desprezo contra elas[95].

Observe-se que este delito, tanto quanto outros, pode ser cometido por leigos.

Vilipêndio

Reza o artigo 208 do Código Penal Brasileiro:

> "Escarnecer de alguém publicamente, por motivo de crença ou função religiosa; impedir ou perturbar cerimônia ou prática de culto religioso; vilipendiar publicamente ato ou objeto de culto religioso:
> Pena - detenção, de um mês a um ano, ou multa.

[93] Tradução do cânon 1367.

[94] Artigo 1º, §2º da Lei 9.459/1997.

[95] Cânon 1368.

> **Parágrafo único** - Se há emprego de violência, a pena é aumentada de um terço, sem prejuízo da correspondente à violência".

O Direito Penal Canônico também castiga com justa pena a pessoa que profana objeto sagrado, móvel ou imóvel:

> "Quem profana uma coisa sagrada, móvel ou imóvel, deve ser punido com pena justa"[96].

Lesão corporal contra autoridades

O crime de lesão corporal, definido como "ofender a integridade corporal ou a saúde de outrem"[97], agrava-se quando a vítima for alguma autoridade. Ocorre a assim chamada "circunstância agravante" e a pena se majora de um a dois terços[98].

Paralelamente, o Direito Penal Canônico visualiza a hipótese de lesão física praticada contra o sucessor de São Pedro e excomunga automaticamente (*latae sententiae*) o infrator, sem excluir a pena de demissão do estado clerical[99]. Da mesma forma, a agressão física em detrimento de um bispo produz, automaticamente, o interdito e, se o agressor for clérigo, a suspensão automática ou *latae sententiae*[100]. Por fim, a violência corporal contra um clérigo, um religioso ou qualquer fiel (incluem-se os leigos) "em desprezo da fé, da Igreja ou do poder eclesiástico ou do ministério, deve ser castigada com justa pena"[101].

---

96 Tradução do cânon 1369.

97 Artigo 129, *caput*, do Código Penal Brasileiro.

98 Artigo 129, §12, do Código Penal Brasileiro.

99 Cânon 1370, §1º.

100 Cânon 1370, §2º.

101 Cânon 1370, §3º.

Desobediência

O Código Canônico tipifica algumas condutas que representam desobediência a uma ordem legítima. Desta feita, punem-se com censura, privação de ofício ou outras coimas o fiel que desobedece à Sé Apostólica, ao ordinário, quando estas autoridades mandam ou proíbem determinado comportamento[102]. Sanciona-se, igualmente, entre outras tantas atitudes semelhantes, quem infringe as obrigações impostas em outra pena[103]etc.

O Código Penal Brasileiro reprime a desobediência do seguinte modo:

> "Desobedecer a ordem legal de funcionário público: Pena - detenção, de quinze dias a seis meses, e multa"[104].

A Lei 1802/53 também pune a desobediência, com detenção de dois meses a seis anos:

> "Instigar, publicamente, desobediência coletiva ao cumprimento da lei de ordem pública"[105].

Faz-se mister destacar que a "ordem manifestamente ilegal" não deve ser cumprida. Este princípio quadra-se também no direito canônico. Suponhamos este exemplo esdrúxulo: o juiz ordena que o oficial de justiça cite o réu e lhe dê uma sova. Ora, o oficial de justiça só está obrigado a cumprir a primeira parte do mandado, ou seja, a citação. Surrar o réu é crime, vale dizer, ordem "manifestamente ilegal" ou contrária ao ordenamento jurídico e mesmo ao direito natural.

---

102 Cânon 1371, §1º.

103 Cânon 1371, §2º.

104 Artigo 330.

105 Artigo 17.

Ódio contra a autoridade constituída

Segundo reza o cânon 1373, quem suscita publicamente a aversão ou o ódio contra a Sé Apostólica ou o ordinário, em razão de algum ato de ofício ou em virtude de cargo eclesiástico, ou, então, induz à desobediência, deve ser castigado com interdito ou outras penas justas.

No Direito Estatal, há normas jurídicas que tipificam comportamentos odientos das instituições democráticas. Por exemplo:

> "Tentar, com emprego de violência ou grave ameaça, abolir o Estado Democrático de Direito, impedindo ou restringindo o exercício dos poderes constitucionais: Pena - reclusão, de quatro a oito anos, além da pena correspondente à violência"[106].

Conspiração contra a Igreja e contra o Estado

A maçonaria, embora não mais explicitamente mencionada no Código Canônico em vigor, amolda-se ao conceito de instituição que maquina contra a Igreja[107]. A dúvida fora espancada pelo Dicastério da Doutrina da Fé em 1983, ano da promulgação do atual código:

> "(...) permanece inalterável o juízo negativo que tem a Igreja a respeito das associações maçônicas (...) em consequência, a filiação às mesmas continua proibida pela Igreja"[108].

De um modo geral, a Lei 1802/53, citada acima, parece abarcar uma série de comportamentos que *grosso modo* implicam conspiração contra o Estado democrático de direito.

---

[106] Artigo 359-I, do Código Penal Brasileiro.

[107] Cânon 1374.

[108] Dicastério da Doutrina da Fé, *Declaração sobre as associações maçônicas*, cardeal Ratzinger, 26/11/1983.

Usurpação de cargo (ofício) ou função

A Igreja e o Estado sancionam a pessoa que usurpa cargo (ofício) ou função. Vejamos.

Em primeiro lugar, dispõe o Direito Penal Canônico:

> "§1.º Qualquer pessoa que usurpe um ofício eclesiástico deve ser punida com pena justa.
> §2.º Equipara-se à usurpação a retenção ilegítima depois de haver sido privado do cargo ou haver o mesmo cessado"[109].

O cânon 1389 apresenta uma norma geral proibitiva, aplicando justa pena aos que, fora do previsto nos cânones 1379 a 1388, exercem ilegitimamente função sacerdotal ou outro ministério sagrado.

Mutatis mutandis, algo semelhante se dá no grêmio da sociedade civil:

> "Usurpar o exercício de função pública:
> Pena – detenção, de três meses a dois anos, e multa.
> Parágrafo único – Se do fato o agente aufere vantagem:
> Pena – reclusão, de dois a cinco anos, e multa"[110].

Má administração dos bens

O Direito Penal Canônico e o Direito Penal do Estado reprimem aqueles que malversam os bens institucionais, subtraem-nos ou se locupletam criminosamente. Vejamos um exemplo sacado da legislação civil. A improbidade administrativa enfrenta resistência na Lei 8.429/92, a qual tipifica comportamentos deletérios à má administração, como receber dinheiro, bem móvel ou imóvel, ou qualquer outra

---

[109] Tradução do cânon 1375.

[110] Artigo 328 do Código Penal Brasileiro.

vantagem, direta ou indireta, a título de comissão, percentagem, gratificação ou presente[111].

De outra banda, o Direito Penal da Igreja apresenta as seguintes situações ensejadoras de várias reprimendas:

> "(...) 1°. quem subtrai bens eclesiásticos ou impede que sejam percebidos seus frutos; 2° quem, sem consulta, consenso ou a licença prescrita (...) aliena bens eclesiásticos ou realiza atos de administração sobre os mesmos (...)"[112].

Abuso de poder

O abuso de poder é um cancro que infecciona não só os que exercem autoridade no Estado, mas igualmente os que gerem as instâncias eclesiásticas. Neste diapasão, o Direito Penal Canônico sanciona quem "abusa do poder eclesiástico, do ofício ou do cargo"[113]. Pune-se outrossim o responsável pela prática ou omissão de ato de poder que causa dano a outrem, cabendo a reparação do indigitado prejuízo[114].

Principalmente no Direito do Estado, é óbvio, há o tipo penal do abuso de poder. Mas, em sendo o Estado todo-poderoso e detentor da máxima força coercitiva (*manu militari*), o abuso do poder ou da autoridade propicia seriíssimas perdas ao cidadão. Assim, estão neste rol os atentados contra a liberdade de locomoção, a inviolabilidade do domicílio, o sigilo de correspondência, a liberdade de crença entre outros abusos nefandos[115].

---

111 Artigo 9º.

112 Tradução de parcela do cânon 1376.

113 Cânon 1378.

114 Cânon 1378, §2º.

115 Artigo 3º da Lei 4.898/65.

Falsa identidade

O Direito Penal do Estado dispõe acerca da sanção para quem simula certas identidades:

> "Atribuir-se ou atribuir a terceiro falsa identidade, para obter vantagem, em proveito próprio ou alheio, ou para causar dano a outrem:
>
> pena - detenção, de três meses a um ano, ou multa, se o fato não constitui elemento de crime mais grave"[116].

Praticaria tal crime a pessoa que, por exemplo, se fizesse passar por sacerdote ou mesmo por diácono permanente, a fim de ingressar em hospital fora do horário de visitas.

O Direito Penal Canônico também pune a falsa identidade que acarreta prejuízo ao povo de Deus e aos sacramentos. Desta feita, incorre em interdito e suspensão quem, sem haver sido ordenado sacerdote, ou seja, passando-se por padre, tenta realizar a ação litúrgica do sacrifício eucarístico[117]. O ato poderia ser praticado por um leigo ou por um diácono, transitório ou permanente. Igualmente se impinge a mesma pena a quem simula ser padre para ouvir confissão[118]. De um modo geral, deve ser punido com justa pena o fiel que simular a administração de qualquer sacramento[119].

Corrupção

A corrupção, enquanto suborno, percepção de propina, fraude etc., levada a efeito por um funcionário público (Estado) ou por um eclesiástico (Igreja), é cancro incurável.

---

116 Artigo 307 do Código Penal Brasileiro.

117 Cânon 1379, §1º, 1º.

118 Cânon 1379, §1º, 2º.

119 Cânon 1379, § 5º.

Ocorre de onde em onde, sem que haja mecanismos eficazes a vindicar hermeticamente a sociedade. Daí a imperiosidade do rigor contra tais malefícios.

A Igreja, visando ao seu bem maior, os sacramentos, suspende do exercício de ordem ou interdita o clérigo que celebra com simonia[120]. De fato, a simonia é uma espécie de corrupção passiva. Pede-se dinheiro para a administração do sacramento. Não se trata do justo estipêndio, mas de numerário desproporcional.

Da parte do Estado, há a Lei 12.846, publicada em 1.º de agosto de 2013, que regula a responsabilização administrativa e civil das pessoas jurídicas (empresas) pela prática de corrupção contra a administração pública, atendendo a pacto internacional assinado pelo Brasil.

Quando o funcionário público se corrompe, estamos em face da chamada "corrupção passiva". Deveras, eis o tipo penal:

> "Solicitar ou receber, para si ou para outrem, direta ou indiretamente, ainda que fora da função ou antes de assumi-la, mas em razão dela, vantagem indevida, ou aceitar promessa de tal vantagem:
> Pena - reclusão, de 2 (dois) a 12 (doze) anos, e multa. (Redação dada pela Lei n. 10.763, de 12.11.2003)
> **§ 1º** - A pena é aumentada de um terço, se, em consequência da vantagem ou promessa, o funcionário retarda ou deixa de praticar qualquer ato de ofício ou o pratica infringindo dever funcional.
> **§ 2º** - Se o funcionário pratica, deixa de praticar ou retarda ato de ofício, com infração de dever funcional, cedendo a pedido ou influência de outrem:
> Pena - detenção, de três meses a um ano, ou multa"[121].

---

120 Cânon 1380.

121 Artigo 317 do Código Penal Brasileiro.

O Direito Penal Canônico enquadra o comportamento corrupto:

> "Quem obtém ilegitimamente lucro com o estipêndio da missa deve ser punido com censura ou com as penas enumeradas no cânon 1336, §§ 2.º - 4º".[122]

Nosso intuito neste livro é tão só comparar as duas legislações, a canônica e a civil. Todavia, frise-se que o sujeito ativo do delito em apreço normalmente é clérigo, mas pode ser também leigo. Pense-se na hipótese do sacristão ou secretário paroquial que comercia a missa, à revelia do pároco.

Assédio sexual

Pune-se com suspensão, proibições, privações e até mesmo com a expulsão do estado clerical o sacerdote que durante a confissão, por ocasião ou a pretexto dela, solicita a penitente para a prática de um pecado contra o sexto mandamento[123]. Os delitos que um clérigo pratica em detrimento do sexto mandamento do decálogo, se públicos, ensejam pena justa ou mesmo a demissão do estado clerical[124]. O padre que assim se comportar igualmente estará sujeito à reprimenda do Estado. Com efeito, reza o Direito Penal do Brasil:

> "Art. 216-A. Constranger alguém com o intuito de obter vantagem ou favorecimento sexual, prevalecendo-se o agente da sua condição de superior hierárquico ou ascendência inerentes ao exercício de emprego, cargo ou função. (Incluído pela Lei n. 10.224, de 15 de 2001)
> Pena – detenção, de 1 (um) a 2 (dois) anos. (Incluído pela Lei n. 10.224, de 15 de 2001)

---

[122] Tradução do cânon 1383.

[123] Cânon 1385.

[124] Cânon 1395, §§2º e 3º.

> Parágrafo único. (VETADO) (Incluído pela Lei n. 10.224, de 15 de 2001)
> § 2o A pena é aumentada em até um terço se a vítima é menor de 18 (dezoito) anos. (Incluído pela Lei n. 12.015, de 2009)"[125].

Não importa se a vítima é do sexo masculino; aplicam-se as penas canônicas e estatais concomitantemente. A propósito, estranha-nos que as traduções do código (portuguesa e espanhola) hajam grafado o artigo definido masculino "o" ou "el", respectivamente, antes do termo "cúmplice", ao verterem em vernáculo o cânon 977, o qual proíbe a absolvição fora de artigo de morte. Como assim? Pressupõe-se que o sacerdote é homossexual? Dever-se-ia, ao contrário, traduzir o genitivo *cumplicis* com a preposição aglutinada ao artigo definido "feminino"; em português: [absolvição] "da cúmplice", uma vez que "cúmplice" é substantivo de dois gêneros. O mesmo erro de tradução ocorre com a palavra "penitente" do cânon 1385; na versão portuguesa do Código Canônico disponível no sítio cibernético do Vaticano lemos: "(...) solicita "o" penitente a pecado contra o sexto mandamento". A forma escorreita e consentânea com a heterossexualidade que se espera do presbítero seria esta: "(...) solicita "a" penitente a pecado contra o sexto mandamento". "Penitente" também é substantivo de dois gêneros. Por que esse desprezo pela boa tradução? *Lapsus linguae* freudiano?

Pedofilia

As mazelas da pedofilia profligam a sociedade civil e, desgraçadamente, certos membros da hierarquia eclesiástica. As normas rigorosas veiculadas na carta apostólica *Vos*

---

[125] Código Penal Brasileiro.

Estis Lux Mundi, do papa Francisco, foram incorporadas em 2021 ao novo livro sexto do Código Canônico[126].

A legislação canônica adotou alguns dos parâmetros comportamentais malevolentes tipificados na legislação penal do Estado. Com efeito, o cânon 1398 aplica ao clérigo pedófilo ou que abusa de pessoa desprovida do uso da razão a privação de ofício, outras justas penas, sem excluir a expulsão do estado clerical. O parágrafo 3º deste cânon declina os seguintes atos do clérigo passíveis de sanção penal: "(...) imoralmente adquire, conserva, exibe ou divulga, em qualquer forma ou com qualquer instrumento, imagens pornográficas de menores ou de pessoas que habitualmente têm uso imperfeito da razão". Observe-se certa similitude com o que dispõe o Estatuto da Criança e do Adolescente:

> "Produzir, reproduzir, dirigir, fotografar, filmar ou registrar, por qualquer meio, cena de sexo explícito ou pornográfica, envolvendo criança ou adolescente: Pena – reclusão, de 4 a 8 anos, e multa" [127].

Nova versão da *Vos estis lux mundi*

Na linha das providências enérgicas tomadas pelo Estado no combate à pedofilia e a outros delitos contra o sexto mandamento, em março de 2023, o papa Francisco lançou nova edição da carta apostólica *Vos estis lux mundi*, endurecendo as penas e, agora, prevendo a punição de leigos que presidam determinadas instituições. Vejamos:

> "As normas processuais a que alude este título dizem respeito aos delitos e às condutas referidas no artigo 1º, cometidas por:

126 Em 2020 escrevi um artigo científico, propondo a excomunhão automática do clérigo pedófilo, no exato instante da conjugação (prática) de um dos verbos do tipo penal do direito canônico.

127 Artigo 240 da Lei 8.069/1990.

> (...) f) Fiéis leigos que são ou foram moderadores de associações internacionais de fiéis reconhecidas ou erigidas pela Sé Apostólica, pelos fatos praticados *durante munere* [durante o exercício do cargo]"[128].

Violação de sigilo

O Acordo Brasil-Santa Sé reforçou a norma jurídica que protege o sigilo nas interações entre os confessores e os fiéis em geral. Eis a letra do festejado pacto diplomático:

> "É garantido o segredo do ofício sacerdotal, especialmente o da confissão sacramental"[129].

O Direito Penal do Estado outrossim salvaguarda o sigilo profissional, punindo quem viola o segredo:

> "Revelar alguém, sem justa causa, segredo, de que tem ciência em razão de função, ministério, ofício ou profissão, e cuja revelação possa produzir dano a outrem: Pena - detenção, de três meses a um ano, ou multa. Parágrafo único - Somente se procede mediante representação"[130].

Por fim, o Direito Penal Canônico excomunga automaticamente (*latae sententiae*) o confessor que viola o sigilo do sacramento da penitência[131]. O intérprete infrator também é punido com justa pena[132].

Denúncia falsa

Ambas as legislações penais, a eclesiástica e a estatal, reprimem a falsa denúncia. No Estado, diz-se "denunciação caluniosa". O tipo penal é o seguinte:

---

[128] Artigo 6º, f.

[129] Artigo 13 do Decreto 7.107/2010 (Acordo Brasil – Santa Sé).

[130] Artigo 154 do Código Penal Brasileiro.

[131] Cânon 1386, §1.º

[132] Cânon 1386, §2º

> "Dar causa à instauração de inquérito policial, de procedimento investigatório criminal, de processo judicial, de processo administrativo disciplinar, de inquérito civil ou de ação de improbidade administrativa contra alguém, imputando-lhe crime, infração ético-disciplinar ou ato ímprobo de que o sabe inocente: (Redação dada pela Lei n. 14.110, de 2020)
> Pena - reclusão, de dois a oito anos, e multa.
> **§ 1º** - A pena é aumentada de sexta parte, se o agente se serve de anonimato ou de nome suposto.
>
> **§ 2º** - A pena é diminuída de metade, se a imputação é de prática de contravenção"[133].

Na legislação penal canônica, o tratamento da matéria é um tanto quanto diferente, porquanto focam-se mais os direitos dos eclesiásticos, malgrado a boa fama de qualquer fiel, leigo ou clérigo, possa ser defendida em juízo com base também no cânon 220. Vejamos a tradução do cânon 1390:

> "§1º. Quem denuncia falsamente um superior eclesiástico a um confessor, pelo delito do qual trata o cânon 1385[134], incorre em interdito *latae sententiae* e, se clérigo, também em suspensão.
> §2º. Quem apresenta ao superior eclesiástico outra denúncia caluniosa por algum delito, ou de outro modo lesa ilegitimamente a boa fama do próximo, deve ser punido com justa pena segundo os cânones 1336, §§ 2.º-4º., podendo-se acrescer uma censura.
> §3º. O caluniador deve também ser obrigado a dar a satisfação conveniente.

Quando o Direito Penal Canônico alude ao "caluniador"[135], tem-se em mente a pessoa que acusa o próximo da prática de algum delito. Por exemplo, o leigo que chama

---

133 Artigo 339 do Código Penal Brasileiro.

134 Solicitação da penitente para um pecado contra o sexto mandamento do decálogo.

135 Cânon 1390, §3º.

o bispo de ladrão. O Direito Penal do Estado estabelece o seguinte:

> "Caluniar alguém, imputando-lhe falsamente fato definido como crime:
> Pena - detenção, de seis meses a dois anos, e multa.
> **§ 1º** - Na mesma pena incorre quem, sabendo falsa a imputação, a propala ou divulga.
> **§ 2º** - É punível a calúnia contra os mortos.
> Exceção da verdade
> **§ 3º** - Admite-se a prova da verdade, salvo:
> **I** - se, constituindo o fato imputado crime de ação privada, o ofendido não foi condenado por sentença irrecorrível;
> **II** - se o fato é imputado a qualquer das pessoas indicadas no n. I do art. 141;
> **III** - se do crime imputado, embora de ação pública, o ofendido foi absolvido por sentença irrecorrível"[136].

Documento falso

Mais um crime que topa com dúplice repressão, da Igreja e do Estado. Com efeito, o cânon 1391 imputa as penas enumeradas no cânon 1336, §§ 2.º a 4.º, àqueles que falsificam um documento público eclesiástico ou alteram, destroem ou ocultam o documento verdadeiro ou, ainda, utilizam um falso ou alterado. Pune-se igualmente o infrator que atesta algo inverídico em documento público eclesiástico.

Mutatis mutandis, o Estado tipifica o comportamento malsão em apreço da seguinte forma:

> "Omitir, em documento público ou particular, declaração que dele devia constar, ou nele inserir ou fazer inserir declaração falsa ou diversa da que devia ser escrita, com o fim de prejudicar direito, criar obrigação ou alterar a verdade sobre fato juridicamente relevante:

---

[136] Artigo 138 do Código Penal Brasileiro.

> Pena - reclusão, de um a cinco anos, e multa, se o documento é público, e reclusão de um a três anos, e multa, de quinhentos mil réis a cinco contos de réis, se o documento é particular. (Vide Lei n. 7.209, de 1984)
> **Parágrafo único** - Se o agente é funcionário público, e comete o crime prevalecendo-se do cargo, ou se a falsificação ou alteração é de assentamento de registro civil, aumenta-se a pena de sexta parte"[137].

Há, todavia, outras leis que punem atitudes similares ao tipo do artigo 299 do Código Penal Brasileiro. Note-se, contudo, que o Direito Penal Canônico protege o documento público eclesiástico, enquanto o Direito do Estado não procede a esta diferenciação, já a cabeça do aludido artigo 299 reporta-se a "documento público ou particular".

Abandono de cargo ou função

O clérigo que abandona voluntária ou ilegitimamente o ministério sagrado durante seis meses contínuos, visando a se esquivar da competente autoridade da Igreja, pode ser punido com suspensão, com as penas do cânon 1336, §§ 2.° a 4.° ou, até mesmo, com a demissão do estado clerical[138]. Deveras, o abandono do cargo decerto implica prejuízo grave ao povo de Deus, depauperado dos sacramentos.

O funcionário estatal que comete o mesmo deslize, privando a sociedade do serviço público, também é punido. Em primeiro lugar, sofrerá um processo administrativo. Sem embargo, nada obsta a demissão, se a ausência injustificada se prolongar por trinta dias consecutivos[139].

---

137 Artigo 299 do Código Penal Brasileiro.

138 Cânon 1392.

139 Lei n. 8.112/90, artigo 138.

Restrição penal de atividades profissionais

O Direito Penal Canônico pune o clérigo que exerce atividade comercial[140]. O exercício do comércio não se coaduna com os quefazeres inerentes ao ministério sagrado. Daí a proibição. Um juiz estatal, por exemplo, outrossim não pode exercer nenhuma outra atividade fora da judicatura, salvo o magistério.

Se um clérigo ou religioso perpetrar delito em matéria econômica, também é punido[141]. Estes delitos costumam causar grande transtorno às dioceses e às paróquias. No entanto, o legislador canônico não especifica o crime econômico passível de punição. Crê-se, então, que se devem atentar as penas impostas pelo Estado. Aliás, se há uma pena estatuída pelo Estado, – e há, como veremos a seguir – o clérigo não logrará a impunidade, mesmo que a autoridade eclesiástica se quede inerte.

No que tange à restrição de atividades profissionais, considere-se o que preceitua o cânon 285; esta norma proíbe que os clérigos (presbíteros e bispos) desempenhem funções públicas que impliquem o exercício do poder civil[142]. Além disso, esclarece o cânon 287, § 2°. Eis sua tradução em português:

> "Não tenham [os clérigos] parte ativa nos partidos políticos e na direção de associações sindicais, a não ser que, a juízo da autoridade eclesiástica competente, o exijam a defesa dos direitos da Igreja ou a promoção do bem comum".

Referentemente aos crimes econômicos punidos pelo Estado, citemos algumas leis:

---

140 Cânon 1393, §1°.

141 Cânon 1393, §2°.

142 Esta é uma tarefa que compete ao leigo (cânon 225, § -2°). No momento em que o clérigo exerce função pública, usurpa-se a missão do leigo e amesquinha-se a função eminentemente sacramental do presbítero.

> Lei n. 7492/86: trata dos crimes contra o sistema financeiro nacional;
> Lei n. 8078/90: trata dos crimes contra as relações de consumo;
> Lei n. 8137/90: delitos contra a ordem tributária (artigos 1° a 3°), delitos contra a ordem econômica (artigos 4° a 6°) e delitos contra as relações de consumo (art. 7°);
> Lei n. 8176/91: trata de delitos contra a ordem econômica;
> Lei n. 9613/98: lavagem de Dinheiro.

Tentativa de matrimônio

Deveras, o cânon 1394 inflige a pena de suspensão automática ao clérigo que "tente se casar"[143]. Utiliza-se o verbo latino *attento, attentare*, que conduz à ideia de tentativa, uma vez que tal sacramento seria, *ipso facto*, plenamente nulo. O Direito Penal Canônico pune outrossim o clérigo que pactue o mero consórcio civil. O religioso que cometer o mesmo delito é acoimado com o interdito automático[144].

No Direito Estatal, cogite-se na hipótese de bigamia, ainda criminalizada. Não são os mesmos fatos punidos pelo cânon 1394, mas, na perspectiva do Direito Comparado, é a situação mais próxima. Vejamos no que consiste o delito de bigamia e qual a reprimenda:

> "Contrair alguém, sendo casado, novo casamento: Pena - reclusão, de dois a seis anos. § 1° - Aquele que, não sendo casado, contrai casamento com pessoa casada, conhecendo essa circunstância, é punido com reclusão ou detenção, de um a três anos"[145].

Note-se que, diferentemente do que ocorre com um clérigo, aqui logra-se contrair matrimônio. Aliás, a bigamia se dá exatamente em virtude da celebração de novo casamento, com a mantença de vínculo nupcial anterior.

---

143 §1°.

144 §2°.

145 Artigo 235 do Código Penal Brasileiro.

DIOCESE

(Livro II do Código Canônico; cânon 369 - Acordo Brasil-Santa Sé; artigo 3º, caput)

A "diocese" é figura jurídica do Direito Romano assumida pela linguagem eclesiástica. Trata-se da "Igreja particular[146]". Em cada diocese, efetivamente, subsiste a Igreja católica apostólica romana. O cânon 369 conceitua a diocese:

> "A diocese é uma porção do povo de Deus cujo cuidado pastoral se encomenda ao bispo com a cooperação do presbitério, de maneira que, unida a seu pastor e congregada por ele no Espírito Santo mediante o evangelho e a eucaristia, constitua uma Igreja particular, na qual verdadeiramente está presente e atua a Igreja de Cristo una, santa, católica e apostólica"[147].

Para nós, na perspectiva do Direito Comparado, paga a pena lembrar que as dioceses são praticamente soberanas. A conferência episcopal, *grosso modo*, não tem ingerência governativa sobre elas. Um pormenor processual denota esta espécie de soberania diocesana. Toda vez que se necessita inquirir uma parte ou testemunha fora da diocese onde se localiza o tribunal eclesiástico, expede-se "carta rogatória" e não a "carta precatória". Esta supõe certa igualdade entre o solicitante e o solicitado. É o que ocorre no Estado entre as comarcas. Um juiz depreca, isto é, "pede" que um colega, de outra região (de outra comarca), pratique determinado ato judicial. Na carta rogatória estatal, "roga-se", vale dizer, solicita-se submissamente que um juiz de outro Estado, ou seja, de outro país, pratique certo ato, para o qual não está obrigado. Agirá o magistrado alienígena com liberalidade.

---

[146] De "partícula", pequena parte ou parcela; não tem nada a ver com "privado".

[147] Tradução do cânon 369.

O Acordo Brasil-Santa Sé corrobora a personalidade jurídica da diocese[148]. Demais, os bispos, presidentes das dioceses, podem formalizar o pedido de ingresso de sacerdotes estrangeiros no Brasil[149].

Difícil, no entanto, traçar um paralelo entre a diocese e o "estado federado", isto é, cada um dos entes que compõem a federação (Estado de São Paulo, Estado do Rio de Janeiro etc.). No Brasil, as autonomias estaduais são assaz limitadas. Talvez se possa comparar a diocese com o "estado" nos Estados Unidos da América do Norte. Naquele país, cada estado é quase soberano, mormente no sentido normativo. Até o Direito Processual diverge de estado para estado. Uns têm pena de morte; outros não etc.

A única similaridade entre a diocese e o estado federado encontra-se na territorialidade, que caracteriza ambas pessoas jurídicas. A diocese, como vimos, é a porção do povo de Deus em dado território.[150] Os estados *idem*; cada qual corresponde a território historicamente delimitado.

ESCOLA E UNIVERSIDADE

(Livro III do Código Canônico; cânon 796 – Constituição Federal; artigo 205)

O termo *scholis* (escolas) (cânon 796) refere-se às instituições de ensino de nível primário e médio. Se bem que o vocábulo "escola" em si, gramaticalmente falando, não comporta restrições. Neste diapasão, as faculdades e universidades também são escolas. Porém, o legislador canônico quis especificar.

148 Artigo 3º, *caput.*

149 Artigo 17.

150 Cânon 372, §1º.

De qualquer forma, a educação é matéria mista por excelência, vale dizer, interessa tanto ao Estado quanto à Igreja. Compete, pois, aos pais, e não ao Estado, gerir a educação da prole. O Código Canônico é claríssimo nesse ponto:

> "É necessário que os pais tenham verdadeira liberdade para escolher as escolas; portanto, os fiéis devem mostrar-se solícitos a fim de que a sociedade civil reconheça esta liberdade dos pais e, consoante a justiça distributiva, proteja-a também com ajuda econômica"[151].

O direito à educação é inalienável. Custodia-o igualmente o Estado:

> "A educação, direito de todos e dever do Estado e da família, será promovida e incentivada com a colaboração da sociedade, visando ao pleno desenvolvimento da pessoa, seu preparo para o exercício da cidadania e sua qualificação para o trabalho"[152].

Sem embargo, o direito de promover a educação também compete à Igreja. Eis o que determina o cânon 794, §1.º, conforme sua tradução:

> "De modo singular, o dever e direito de educar compete à Igreja, à qual Deus confiou a missão de ajudar os homens para que possam chegar à plenitude da vida cristã".

Escola católica e escola de inspiração católica

No Brasil, a escola católica propriamente dita e a escola de inspiração católica são sempre entidades particulares, e não governamentais ou públicas. Isto ocorre em função do princípio da laicidade do Estado. No entanto, existem escolas confessionais, católicas ou não, que auferem subsídios

[151] Tradução do cânon 797.

[152] Artigo 205 da Constituição Federal.

do Estado, pois não objetivam lucros e se enquadram na filantropia.

Vejamos como o Direito Canônico diferencia "escola católica" de "escola de inspiração católica". Por "escola católica" entende-se a instituição de ensino dirigida pela autoridade eclesiástica competente ou por uma pessoa jurídica eclesiástica pública ou reconhecida como tal mediante documento[153]. De outra banda, a "escola de inspiração católica" segue a substância do catolicismo, sem contar com o reconhecimento oficial. De feito, nenhuma escola, ainda que seja realmente católica, pode adotar o título de "católica", sem o consentimento da autoridade eclesiástica competente[154]. A "escola de inspiração católica" embasa-se no direito-dever dos pais de ofertar aos filhos educação genuinamente católica. Reza o cânon 798:

> "Os pais hão de confiar os filhos a escolas em que se ministre educação católica, mas, se isto não for possível, têm a obrigação de procurar que, fora das escolas, se organize a devida educação católica" (tradução).

Em suma, há escolas administradas por certos institutos religiosos ou sociedades de vida apostólica (pessoas jurídicas eclesiásticas não públicas) que, rigorosamente falando, são "escolas de inspiração católica" e não exatamente "escolas católicas". Nada obstante, parece que umas e outras podem usar o título de "escola católica", desde que obtenham a chancela da autoridade eclesiástica competente.

Importante frisar que qualquer tipo de escola (católica ou de inspiração católica) se regerá por ditames do Direito Canônico e do Direito Estatal. No Brasil, toda escola está obrigada a cumprir um currículo básico (Base Nacional

---

153 Cânon 803, §1.º.

154 Cânon 803, § 3º.

Comum Curricular- BNCC). Ao lado de disciplinas como português, matemática, história, química etc., a escola católica ou de inspiração católica aditará outras, com vistas no cumprimento de seu escopo[155]. Observe-se que o "ensino religioso" é a única matéria escolar explicitamente referida na Constituição Federal[156] e deve ser lecionada nas escolas administradas pelo Estado (escolas públicas estaduais e municipais).

Universidade

A universidade é instituição de ensino superior caracterizada por agrupar várias faculdades. A faculdade, por seu turno, é a instituição docente superior que se dedica a determinada ciência. Assim, temos a Faculdade de Medicina, a Faculdade de Direito, a Faculdade de Filosofia etc. Desta feita, a universidade costuma congregar faculdades das três áreas do saber: humanas, exatas e biológicas.

A universidade goza de autonomia garantida pela Constituição Federal. Deveras, prescreve o artigo 207 da *Charta Magna*:

> "As universidades gozam de autonomia didático-científica, administrativa e de gestão financeira e patrimonial, e obedecerão ao princípio de indissociabilidade entre ensino, pesquisa e extensão".

---

155 Em artigo jornalístico, sugeri as seguintes cadeiras extras, de frequência compulsória, imediatamente votadas ao catolicismo: 1) Doutrina Social da Igreja; 2) História da Igreja; 3) Doutrina católica; 4) Moral.

156 Artigo 210, § 1º . Conforme preceitua o artigo 12, §1º, do Acordo Brasil-Santa Sé (Decreto 7.107/2010), o ensino religioso ministrado nas escolas públicas de nível fundamental deve ser confessional, isto é, catolicismo para os alunos católicos, protestantismo para os alunos protestantes, judaísmo para os alunos judeus, islamismo para os alunos muçulmanos etc.

A Constituição Apostólica *Ex Corde Ecclesiae* outrossim abroquela a autonomia universitária; se não, vejamos:

> "Ela [a universidade católica] goza da autonomia institucional que é necessária para cumprir, eficazmente, suas funções, e garante aos seus membros a liberdade acadêmica na salvaguarda dos direitos do indivíduo e da comunidade, no âmbito das exigências da verdade e do bem comum"[157].

Os propósitos específicos da universidade católica se veem salvaguardados pela lei máxima do Brasil, haja vista o objetivo genérico consistente em "garantir, de forma institucional, a presença cristã no mundo universitário, em face dos grandes problemas da sociedade e da cultura (...)"[158]. O escopo genérico da universidade católica resta roborado no cerne da Constituição Apostólica *Ex Corde Ecclesiae*:

> "Uma universidade católica, enquanto católica, inspira e realiza sua investigação, o ensino e todas as outras atividades, segundo os ideais, os princípios e os comportamentos católicos (...)".[159]

Universidade católica e universidade eclesiástica

Em sentido técnico e estrito, as instituições de ensino superior "eclesiásticas" diferenciam-se das instituições de ensino superior "católicas". As universidades ou faculdades eclesiásticas, coordenadas a nível mundial pelo Dicastério para a Cultura e a Educação[160] (o MEC do Vaticano), regem-se pela Constituição *Veritatis Gaudium* e têm por objetivo o ensino das chamadas

---

157 Constituição Apostólica *Ex Corde Ecclesiae*, n. 12. Cf. artigo 2º, §5º.

158 Constituição Apostólica *Ex Corde Ecclesiae*, n. 13.

159 Artigo 2º, §2º.

160 Nova nomenclatura dada pela Constituição Apostólica *Praedicate Evangelium*, artigo 153.

"ciências sagradas", basicamente Teologia, Filosofia e Direito Canônico, bem como as ciências correlatas[161].

As faculdades e universidades católicas, por outro lado, geridas diretamente pelas autoridades da Igreja particular onde se localizam, e só indiretamente fiscalizadas pelo mencionado dicastério, possuem o escopo de ministrar as ciências em geral, à luz, é claro, do magistério, que alumia as variegadas formas de saber e suscita o diálogo perene entre a fé e a razão, na "fidelidade à mensagem cristã tal como apresentada pela Igreja", consoante determina a lei que normatiza estas instituições de ensino superior, isto é, a Constituição *Ex Corde Ecclesiae*[162].

Geralmente, as faculdades eclesiásticas estão incrustadas nas universidades católicas. Por exemplo, na PUC-SP temos uma faculdade eclesiástica: a Faculdade de Teologia Nossa Senhora da Assunção.

Convalidação de diplomas de mestrado e doutorado

O Estado convalida os diplomas de pós-graduação em sentido estrito, isto é, mestrado e doutorado, expedidos por instituições estrangeiras. Fá-lo não por órgão do MEC, mas mediante uma universidade (pública ou particular) que oferte curso igual ou similar ao que consta no título que se deseja validar. Eis a letra da lei:

> "Os diplomas de mestrado e de doutorado expedidos por universidades estrangeiras só poderão ser reconhecidos por universidades que possuam cursos de pós-graduação reconhecidos e avaliados, na mesma área de conhecimento e em nível equivalente ou superior"[163].

---

161 Artigo 2º, §1º

162 N. 13, 3.

163 Lei 9.394/1996, artigo 48, §3º.

A Pontifícia Universidade Católica do Rio de Janeiro (PUC-Rio), de certo modo, especializou-se no reconhecimento dos diplomas de mestrado e doutorado em Teologia e Direito Canônico.

O Artigo 9º do Acordo Brasil-Santa Sé (Decreto 7.107/2010), malgrado apenas reiterar o óbvio acerca da imperiosidade de se observarem as legislações do Brasil e da Santa Sé no que toca ao reconhecimento de títulos, parece abrir a possibilidade de ulteriores convênios entre universidades católicas brasileiras e universidades católicas estrangeiras.

ESTATUTO E REGULAMENTO

(Livro I do Código Canônico; cânones 94 e 95 – Acordo Brasil-Santa Sé; artigo 3º., caput)

Muito oportunas as descrições de *estatuto* e *regulamento* que constam do Código Canônico. Deveras, aplicam-se perfeitamente ao Direito Estatal, isto é, ao dia a dia das pessoas jurídicas na sociedade civil. Vejamo-las. Eis a tradução do cânon 94, § 1º, relativamente ao *estatuto*:

> "Estatutos, em sentido próprio, são as normas estabelecidas a teor do direito nas corporações ou fundações, pelas quais se determinam seu fim, constituição, regime e forma de atuar".

No cânon 95, § 1º, se preceitua a propósito do *regulamento*. Eis sua tradução em português:

> "Os regulamentos são regras ou normas que se hão de observar nas reuniões, tanto convocadas pela autoridade eclesiástica quanto livremente promovidas pelos fiéis; assim também em outras celebrações (...)".

Note-se que a palavra *regimento*, juridicamente falando, equivale a *regulamento.*

A doutrina civil oferece o seguinte conceito de *estatuto*, assaz parecido com o canônico:

> "Derivado do latim, *statutum*, de *statuere* (estabelecer, constituir, fundar), em sentido amplo, entende-se a lei ou regulamento, em que se fixam os princípios institucionais ou orgânicos de uma coletividade ou corporação, pública ou particular (privada)"[164].

Regimento aparece com esta definição:

> "Do latim *regimentum* (direção, regime, governamentação), é juridicamente tomado na acepção de ordenação ou conjunto de regras que se dispõe como regime de alguma coisa, notadamente sobre o desempenho de cargos ou ofícios"[165].

Para o Direito Estatal, o Código Canônico é o *estatuto* da Igreja católica. É o que se depreende de disposição expressa no Acordo Brasil-Santa Sé (Decreto 7.107/2010):

> "A República Federativa do Brasil reafirma a personalidade jurídica da Igreja Católica e de todas as instituições eclesiásticas que possuem tal personalidade em conformidade com o direito canônico, desde que não contrarie o sistema constitucional e as leis brasileiras (...)"[166].

O *direito canônico*, ao qual alude o artigo supramencionado, é fundamentalmente o Código Canônico, vale dizer, a lei mais importante da Igreja católica.

EXÉQUIAS

(Livro IV do Código Canônico; cânon 1176 - Constituição Federal; artigo 5º, LXXVI, b)

O óbito é inexorável! Todas as culturas denotam o máximo respeito pelos mortos. Desta feita, a Igreja não se opõe à cremação, tão comum hoje em dia, desde que o ato não

---

164 De Plácido e Silva. *Vocabulário Jurídico, Vol. I.* Rio de Janeiro: Forense, 1984, p. 213.

165 De Plácido e Silva. *Vocabulário Jurídico, Vol. II.* Rio de Janeiro: Forense, 1984, p. 68.

166 Artigo 3º.

implique repulsa à doutrina da ressurreição dos corpos[167]. Nada obstante, ultimamente, as autoridades eclesiásticas, sem interditar a cremação, voltaram a insistir na preferência que se deve dar à inumação.

Cinzas do cadáver

As leis civis não determinam o destino das cinzas. Geralmente, no crematório, avisa-se a família do finado sobre a entrega das cinzas, as quais serão esparramadas no gramado, se ninguém apanhá-las.

A Igreja, no entanto, desautoriza a conservação das cinzas em casa ou, por exemplo, o espalhamento delas no mar. Em 2016, o Dicastério da Doutrina da Fé manifestou-se acerca deste assunto:

> "Quaisquer que sejam as motivações legítimas que levaram à escolha da cremação do cadáver, **as cinzas do defunto devem ser conservadas, por norma, num lugar sagrado, isto é, no cemitério ou, se for o caso, numa igreja ou num lugar especialmente dedicado a esse fim, determinado pela autoridade eclesiástica.** A conservação das cinzas num lugar sagrado pode contribuir para que não se corra o risco de afastar os defuntos da oração e da recordação dos parentes e da comunidade cristã. Por outro lado, deste modo, se evita a possibilidade de esquecimento ou falta de respeito que podem acontecer, sobretudo depois de passar a primeira geração, ou então cair em práticas inconvenientes ou supersticiosas"[168].

O atestado de óbito e a certidão respectiva são documentos importantíssimos. Encaminhada a notícia do decesso à autoridade do INSS, cessa imediatamente o pagamento de eventual benefício (pensão ou aposentadoria). Assim, salvaguarda-se o

---

[167] Cânon 1176, §3º.

[168] Instrução *Ad ressurgendum cum Christo*, 5, grifos nossos.

erário. A inumação, é lógico, só ocorrerá diante do óbito atestado por médico, cuja certidão é gratuita para os pobres[169].

O Código Canônico prescreve a anotação no "livro dos defuntos", assim que o enterro termine[170].

FORO COMPETENTE

(Livro VII do Código Canônico; cânon 1404 - Código de Processo Civil Brasileiro; artigo 42)

As ações judiciais, quer canônicas quer civis, devem ser ajuizadas na instância adequada, ou seja, no "foro competente". Geralmente prevalece a prerrogativa do domicílio do réu ou demandado[171]. Isto se justifica porque quem vai sofrer o ônus do processo ao menos se defenderá onde reside. De feito, o processo, em si, não implica a condenação do polo passivo. Diga-se de passagem, nos processos penais, prepondera o princípio da presunção de inocência, até o veredicto final[172].

Nas causas de nulidade de casamento, as mais comuns nos tribunais eclesiásticos, o foro competente, se não houver reserva à Sé Apostólica, será o tribunal do lugar em que se celebrou o casamento, o tribunal ou lugar em que uma das partes tem domicílio ou quase-domicílio ou, então, o tribunal onde se deve colher a maior parte das provas[173].

Foro competente em razão da pessoa

No Direito Estatal, certas autoridades, que gozam de prerrogativa de foro em virtude da função que exercem, são

---

169 Artigo 5º, LXXVI, b, da Constituição Federal.

170 Cânon 1182.

171 Cânon 1408; artigo 46 do Código de Processo Civil Brasileiro.

172 Novo cânon 1321. Artigo 5º, LVII, da Constituição Federal.

173 Cânon 1672.

julgadas por tribunais específicos. Assim, por exemplo, os governadores, nas contendas criminais, submetem-se ao Superior Tribunal de Justiça (STJ)[174]. O presidente da república – todos sabemos – é julgado pelo Supremo Tribunal Federal (STF)[175].

Semelhantemente, no grêmio da Igreja, os chefes de Estado[176], os cardeais, os legados da Sé Apostólica etc. são julgados pelo pontífice romano[177]. Por outro lado, os bispos, os abades, as dioceses ou outras pessoas eclesiásticas, tanto físicas quanto jurídicas, que se encontrem abaixo apenas do sumo pontífice sujeitam-se ao Tribunal da Rota Romana[178].

Competência por prevenção

O fenômeno processual da "prevenção da competência" ocorre assim no Direito Processual Estatal como no Direito Processual da Igreja. *Grosso modo*, está prevento o tribunal que em primeiro lugar conheceu da demanda. Aqui a tradução do cânon 1415:

> "Em virtude da prevenção, quando dois ou mais tribunais são igualmente competentes, tem direito a julgar a causa o primeiro que citou legitimamente o demandado".

Similarmente, no Direito Processual do Estado:

> "Far-se-á a distribuição de acordo com o regimento interno do tribunal, observando-se a alternatividade, o sorteio eletrônico e a publicidade.
> Parágrafo único. O primeiro recurso protocolado no tribunal tornará prevento o relator para eventual recurso

---

174 Artigo 105 da Constituição Federal.

175 Artigo 85 da Constituição Federal.

176 Exemplo: processo de nulidade de casamento de um presidente da república.

177 Cânon 1405, §1º, 1º a 4º.

178 Cânon 1405, §3º.

subsequente interposto no mesmo processo ou em processo conexo”[179].

GRAUS E DISTINÇÕES DOS TRIBUNAIS

(Livro VII do Código Canônico; cânon 1417 - Constituição Federal, artigo 92)

Na Igreja, já a primeira instância de julgamento, via de regra, compõe-se de órgão colegiado (vários juízes)[180]. Assim se dá normalmente com os processos de nulidade de casamento: três juízes, dois deles podem ser leigos; o presidente do turno será clérigo[181]. Ao contrário do Estado, onde se costuma ter um único juiz (órgão monocrático) a compor as lides em primeiro grau. No Direito Processual Civil, os tribunais são órgãos colegiados que geralmente julgam as apelações.

Membros dos tribunais

As cortes do Estado são integradas por juízes de grande tirocínio, promovidos por antiguidade e merecimento, alternadamente. Um quinto desses magistrados origina-se do Ministério Público e da advocacia. Observe-se que os membros (ministros) do Supremo Tribunal Federal (STF) são escolhidos pelo presidente da república e sabatinados pelo senado[182]. Não são juízes de carreira e não se aplica a proporção do quinto constitucional. O julgador da corte excelsa deverá se destacar por notável saber jurídico e reputação ilibada[183]. Este é o critério de escolha.

---

179 Artigo 930 do Código de Processo Civil Brasileiro.

180 No Brasil, não faz muito tempo, havia as chamadas “juntas trabalhistas”, compostas de três juízes, um togado (o presidente) e dois classistas, que julgavam as contentas em primeiro grau.

181 Cânon 1673, §3º.

182 Artigo 101, parágrafo único da constituição federal.

183 Artigo 101 da constituição federal.

Os tribunais eclesiásticos, por seu turno, são compostos por clérigos ou leigos com doutorado ou, ao menos, mestrado em direito canônico[184]. Na prática, contudo, ainda se aceitam elementos com robusta experiência jurídico-canônica, sem titulação acadêmica.

Graus

Na Igreja há, basicamente, tribunais eclesiásticos de primeira e segunda instâncias. Estes são os graus de jurisdição. Mas, existem situações em que tribunais de Roma, como, por exemplo, o Tribunal da Rota Romana, atuam em terceiro grau. Suponhamos uma sentença de nulidade de casamento questionada no segundo grau (tribunal eclesiástico de apelação) e novamente arguida em Roma.

No Estado existem os tribunais em cada unidade da federação, por exemplo, o Tribunal de Justiça de São Paulo, o Tribunal de Justiça do Rio de Janeiro. Há, também, os tribunais especializados, como os Tribunais Regionais do Trabalho, Tribunais Regionais Eleitorais e os Tribunais Regionais Federais. Em Brasília, situam-se os chamados tribunais superiores, a saber: Superior Tribunal de Justiça (STJ), Tribunal Superior do Trabalho (TST), Tribunal Superior Militar (TSM), Tribunal Superior Eleitoral (TSE) e, na cúspide do poder judiciário, o Supremo Tribunal Federal, cuja incumbência precípua é a tutela da constituição da república.

Distinções

Na Igreja, a corte judicial máxima é o Tribunal da Assinatura Apostólica, localizado em Roma, no Vaticano.

---

[184] Cânon 1421, §3º.

Entretanto, vários dicastérios têm igualmente atribuições para julgar determinados casos. Por exemplo, o Dicastério da Doutrina da Fé, cuja incumbência precípua consiste na tutela da ortodoxia[185], conta com uma seção disciplinar, a qual se ocupa dalguns crimes reservados[186]. No Estado, via de regra, inexiste tal forma híbrida de órgão, com competências diversas (julgar, legislar e executar, ao mesmo tempo). Uma das exceções é a atribuição do senado federal para julgar o *impeachment* do presidente da república[187].

IMPUGNAÇÃO DA SENTENÇA

(Livro VII do Código Canônico; cânon 1619, cânon 1628 – Código de Processo Civil Brasileiro; artigo 1009; Código de Processo Penal Brasileiro; artigo 593)

A falibilidade humana justifica a impugnação da sentença. O juiz pode errar e, muita vez, comete realmente lapsos. No Estado, o órgão que aprecia a impugnação da sentença é colegiado, composto de julgadores com tirocínio. Já na Igreja, quase sempre a primeira instância de julgamento congrega três juízes, sendo que em segunda instância, outros três juízes examinarão o recurso. Vale dizer, atuam órgãos colegiados tanto em primeiro quanto em segundo grau de jurisdição. É, por exemplo, a práxis dos tribunais eclesiásticos: três juízes julgam a validade do sacramento do matrimônio em primeira instância e, em se interpondo apelo, novo colégio de três juízes arrostará as razões recursais. Observe-se que desde as alterações processuais promovidas pelo Papa Francisco em 2015, o órgão judicante pode ser

185 Artigo 69 da constituição apostólica *Pregai o Evangelho.*

186 Artigo 76, §1º da constituição apostólica *Pregai o Evangelho.*

187 Artigo 52, I, da constituição federal.

integrado por dois leigos e um clérigo[188]. Anteriormente, só se admitia um leigo.

Impugna-se a sentença no Direito Processual Canônico com a "querela de nulidade"[189] ou com a apelação. O primeiro remédio processual equipara-se à "ação rescisória" do Direito Estatal. Exauridos os meandros jurisdicionais, esgotados todos os recursos, resta a *querela nullitatis* como a derradeira tentativa de reverter o veredicto. A apelação ocorre igualmente no Direito Estatal, sob várias modalidades, ou seja, no processo civil[190], no processo penal[191] e noutros setores do ordenamento jurídico, como, por exemplo, nas causas trabalhistas.

No Direito Estatal, a apelação ou qualquer recurso sempre necessita das assim chamadas "razões recursais"[192], ou seja, a exposição dos motivos pelos quais se postula a reforma da sentença. No Direito Processual Canônico, mormente nos processos de nulidade do sétimo sacramento, basta que o defensor do vínculo ou qualquer uma das partes requeira a intervenção do órgão jurisdicional superior, porém, com sucinta indicação das razões por que apela[193].

No Direito Estatal, ainda há matérias que exigem o reexame obrigatório da sentença pelo tribunal (remessa necessária)[194]. No Direito Processual Canônico, não vige mais o recurso automático em face de sentenças positivas de nulidade do sacramento do matrimônio[195].

---

188 Cânon 1673, §3º.

189 Cânon 1619.

190 Artigo 1009 do Código de Processo Civil Brasileiro.

191 Artigo 593 do Código de Processo Penal Brasileiro.

192 Artigo 600 do Código de Processo Civil Brasileiro.

193 Cânon 1634.

194 Artigo 496 do Código de Processo Civil Brasileiro.

195 Cânon 1679.

INSTITUTOS DE VIDA CONSAGRADA E SOCIEDADES DE VIDA APOSTÓLICA

(Livro II do Código Canônico; cânon 573 – Acordo Brasil-Santa Sé, artigo 3º, caput)

Toda pessoa jurídica canônica se submete à dupla regulamentação: eclesiástica e civil. Os institutos de vida consagrada e as sociedades de vida apostólica também integram o rol exemplificativo do artigo 3.º do Acordo Brasil-Santa Sé. Além disso, o mesmo pacto internacional ultimado entre o Brasil e o Vaticano (Decreto federal 7.107/2010) robora o entendimento jurisprudencial[196] da inexistência de vínculo empregatício entre o clérigo ou o religioso e a pessoa jurídica à qual se está vinculado:

> "I - O vínculo entre os ministros ordenados ou fiéis consagrados mediante votos e as dioceses ou institutos religiosos e equiparados é de caráter religioso e, portanto, observado o disposto na legislação brasileira, não gera, por si mesmo, vínculo empregatício, a não ser que seja provado o desvirtuamento da instituição eclesiástica"[197].

O que era tão somente jurisprudência passou a ser lei, pois, como sabemos, o Acordo Brasil-Santa Sé tem força de lei.

Sociedades de vida apostólica como a Canção Nova, por exemplo, também se enquadram nesse ditame legal, vale dizer, o liame entre os membros e a entidade, *grosso modo*, não gera vínculo empregatício, a menos que ocorra o desvirtuamento da relação.

A ordenação ou a profissão religiosa, impedimento para se contrair o matrimônio[198], não afeta de nenhum modo o casamento civil. Assim, por exemplo, um padre, um bispo,

---

196 Tribunal Superior do Trabalho (TST), AIRR 3652/2002-900-05-00, de 9/5/2003.

197 Artigo 16, I.

198 Cânones 1087 e 1088.

um religioso, uma freira poderão livremente se matrimoniar num cartório de registro civil das pessoas naturais.

INSTRUMENTOS DE COMUNICAÇÃO SOCIAL

(Livro III do Código Canônico; cânon 822 – Constituição Federal, artigo 220)

Muitos são os chamados instrumentos de comunicação social. Ultimamente, a Internet e seus consectários ocupam o lugar de destaque. O Estado regula o uso e a concessão da tevê, do rádio etc.[199] Teoricamente, não há censura.

A Igreja outrossim se serve desses instrumentos portentosos[200], haja vista as diversas televisões de inspiração católica. No entanto, as emissoras católicas não são vistas e ouvidas pelo brasileiro em geral; restringem-se aos próprios católicos praticantes (parcela deles). Assim, o efeito evangelizador da sociedade é assaz diminuto. Por outro lado, emissoras como a tevê Globo logram "evangelizar" milhões de telespectadores, – inclusive os católicos – inoculando padrões de comportamento[201]. Lamentavelmente, quando certos prelados escrevem em periódicos de vasta circulação ou concedem entrevistas televisivas, por respeito humano, exprimem ideias irênicas e lugares-comuns.

Sabemos que se extinguiu a censura nos meios de comunicação estatal, mormente quando se trata de temática anticristã[202]. Na Igreja, os escritos que vulneram a fé ortodoxa

---

199 *Vide* os artigos 220 a 224 da constituição federal.

200 Cânon 822.

201 A tevê Cultura de São Paulo já chegou a ter programação mais "católica" e evangelizadora que as emissoras ditas católicas. Programas de bom gosto comunicavam sutilmente os valores cristãos. Isto já não ocorre mais!

202 Até mesmo um "documentário" que insinuava Jesus homossexual foi levado ao ar, sem nenhuma restrição.

têm de ser rechaçados[203], nada obstante, editoras católicas publicam livros de conteúdo heterodoxo, até mesmo de autores punidos pela autoridade eclesiástica.

INTRODUÇÃO DA CAUSA

(Livro VII do Código Canônico; cânon 1501 - Constituição Federal; artigo 5º, LV; Código de Processo Civil Brasileiro; artigo 2º)

Propor uma causa em juízo significa a busca por justiça. No Direito Estatal, invariavelmente, salvo raríssimas exceções, introduz-se a ação judicial (uma causa) mediante o trabalho do advogado. Com efeito, o advogado é indispensável à administração da justiça[204]. No Direito Processual Canônico, por seu turno, a indispensabilidade do labor advocatício junge-se aos feitos criminais, sob pena de nulidade[205].

A introdução de uma causa de nulidade de matrimônio[206] faz-se pelo próprio interessado (um dos cônjuges ou ambos). Malgrado haja tribunais eclesiásticos com rol de advogados credenciados ou mesmo plantonistas na sede da corte, rigorosamente falando, pela lei, não é mister a atuação do causídico. Entretanto, quase sempre, o advogado, principalmente se formado em Direito Canônico, auxilia bastante as partes.

Inércia do juiz

Tanto o poder judiciário da Igreja quanto o poder judiciário do Estado agem apenas quando provocados. Eis a tradução do cânon 1501:

---

[203] Cânon 823, §2º.

[204] Artigo 133 da constituição federal.

[205] Cânon 1723.

[206] 90% das ações julgadas pelos tribunais eclesiásticos.

> "O juiz não pode julgar causa alguma se o interessado ou o promotor de justiça não tenham formulado uma petição a teor dos cânones".

O Direito Processual Civil adere ao mesmo princípio da inércia com a seguinte norma:

> "O processo começa por iniciativa da parte e se desenvolve por impulso oficial, salvo as exceções previstas em lei"[207].

Petição inicial ou libelo

O escrito endereçado ao juiz, encetando o processo ou a causa, chama-se "petição inicial" na jurisdição do Estado e "libelo" na jurisdição canônica. Obviamente, são os termos mais empregados no quotidiano forense, contudo, nada impede o intercâmbio deles. São apenas palavras que exprimem o início do processo judicial.

Libelo ou petição inicial por escrito

O libelo ou a petição inicial tem de ser reduzido a termo, isto é, precisa ser apresentado em forma escrita[208], se bem que o Direito Processual Canônico admita a petição oral, quando o autor estiver impedido de apresentá-la por escrito ou se se tratar de causa de fácil elucidação[209]. De qualquer forma, haverá uma ata escrita, lavrada pelo notário a mando do juiz[210]. Algo semelhante ocorre na introdução de certas causas judiciais cíveis de pequeno valor (Juizado Especial). O interessado, de posse de documento comprobatório do

---

207 Artigo 2º do Código de Processo Civil Brasileiro.

208 Cânon 1502; artigo 319 do Código de Processo Civil Brasileiro (requisitos da petição inicial).

209 Cânon 1503, §1º.

210 Cânon 1503, §2º.

direito lesado ou ameaçado, narra verbalmente os fatos ao funcionário público, que os verte por escrito.

Requisitos do libelo ou da petição inicial

Como não poderia ser diferente, no fundamental, os requisitos do libelo e da petição inicial assemelham-se sobremaneira. Basta a visão sinótica do cânon 1504 juntamente com o artigo 319 do Código de Processo Civil Brasileiro.

O cânon 1504 determina que o libelo ou "escrito de demanda" especifique ante qual juiz se introduz a causa, o teor do pedido e contra quem se peticiona. Preceitua, também, que na mesma peça exordial se indique a base jurídica do requerimento e se demonstrem os fatos e provas do alegado. Demais, é preciso que o autor ou seu procurador (advogado) assine o libelo e, por fim, deve-se declinar o domicílio ou quase-domicílio do demandado (réu).

Eis os requisitos da petição inicial estipulados pelo direito adjetivo pátrio:

> "A petição inicial indicará:
> I - o juízo a que é dirigida;
> II - os nomes, os prenomes, o estado civil, a existência de união estável, a profissão, o número de inscrição no Cadastro de Pessoas Físicas ou no Cadastro Nacional da Pessoa Jurídica, o endereço eletrônico, o domicílio e a residência do autor e do réu;
> III - o fato e os fundamentos jurídicos do pedido;
> IV - o pedido com as suas especificações;
> V - o valor da causa;
> VI - as provas com que o autor pretende demonstrar a verdade dos fatos alegados;
> VII - a opção do autor pela realização ou não de audiência de conciliação ou de mediação.

> § 1º Caso não disponha das informações previstas no inciso II, poderá o autor, na petição inicial, requerer ao juiz diligências necessárias a sua obtenção.
> § 2º A petição inicial não será indeferida se, a despeito da falta de informações a que se refere o inciso II, for possível a citação do réu.
> § 3º A petição inicial não será indeferida pelo não atendimento ao disposto no inciso II deste artigo se a obtenção de tais informações tornar impossível ou excessivamente oneroso o acesso à justiça"[211].

De um modo geral – reiteramos –, os requisitos fundamentais não diferem dos exigidos pelo Direito Processual Canônico. Todavia, observe-se que o inciso VII acima transcrito, de plano, invita o autor da demanda judicial à conciliação ou mediação. O instituto da "conciliação" tem gênese canônica e se transformou em rotina na seara estatal e menina dos olhos do poder judiciário brasileiro.

Exame do libelo ou petição inicial

De um modo geral, vigem as mesmas normas no que concerne à análise da peça vestibular. Se, por exemplo, o libelo estiver desprovido de fundamento, o julgador canônico pode rechaçá-lo imediatamente[212]. Da igual forma age o juiz civil[213]. Tanto o Direito Canônico[214] quanto o Direito Estatal[215] concedem ao autor um prazo para emendar o libelo (ou petição inicial), se houver necessidade.

---

211 Artigo 319 do Código de Processo Civil Brasileiro.

212 Cânon 1505, §2º, 4º.

213 Artigo 330, §3º do Código de Processo Civil Bradileiro.

214 Cânon 1505, §3º.

215 Artigo 321 do Código de Processo Civil Brasileiro.

O Direito Processual Canônico assina o prazo de um mês para o juiz se manifestar sobre o libelo, o qual será automaticamente admitido caso o juiz se quede silente. [216] No Direito Processual Estatal é impensável qualquer prazo para o juiz exarar decisões, despachos, sentenças etc. Infelizmente, os prazos têm-nos apenas as partes!

INVESTIGAÇÃO PRÉVIA

(Livro VII do Código Canônico; cânon 1717 – Código de Processo Penal Brasileiro; artigo 4º)

A *praevia investigatione*, regulada a partir do cânon 1717, equivale ao "inquérito policial"[217]. A propósito, este conhecidíssimo expediente da Força Pública do Estado tem origem canônica na Inquisição Medieval. Tanto a "investigação prévia" quanto o "inquérito" coletam provas, informações, com vistas em provável processo penal, cuja incoação depende quase sempre do promotor de justiça. No inquérito inexiste o contraditório, que caracteriza o processo judicial em si.

JUIZ, AUDITOR E "PONENTE"

(Livro VII do Código Canônico; cânon 1419 – Constituição Federal; artigo 92)

O Direito Estatal contempla, é claro, a figura do juiz, membro do poder judiciário; o funcionário público encarregado de compor os litígios. O auditor, todavia, que não é juiz, pois não julga, funciona, por exemplo, no processo de nulidade de matrimônio, questionando as partes e testemunhas, vale dizer, fazendo-lhes as perguntas previamente preparadas pelo defensor do vínculo, cujas respostas são

---

[216] Cânon 1506.

[217] Regido a partir do artigo 4º do Código de Processo Penal Brasileiro.

reduzidas a termo pelo notário. Não vislumbramos atividade similar ao auditor nos meandros do processo civil. Nas audiências cíveis, o próprio juiz pergunta e dita a resposta ao escrevente (equivalente ao notário). Sem embargo, no processo penal do Estado, discute-se a criação do juiz "instrutor", responsável pela produção de provas, diferente do juiz "sentenciador", o qual, embasado nos autos, apenas prolataria o veredicto.

As traduções do Código Canônico criaram o termo "ponente"[218], de emprego muito comum nos tribunais eclesiásticos. De fato, "ponente", em português, é substantivo e adjetivo, sinônimo de "poente" (sol ponente). No idioma pátrio, na técnica processual, acudimos à palavra "relator". Aliás, o Código Canônico alude ao termo "relator", igualando-o ao desnecessário neologismo "ponente": *ponentem seu relatorem*[219].

O trabalho cometido ao relator é redigir (relatar) a sentença ou acórdão, emitindo, também, seu voto. No Direito Processual Civil, o relator atua em segunda instância, porquanto somente a segunda instância se compõe de órgão colegiado. Na primeira instância, órgão monocrático (um só juiz), o magistrado redige a sentença e todos os atos processuais afetos à judicatura. No foro eclesiástico, sendo já o primeiro grau um órgão colegiado, sempre há o relator, que outrossim profere voto.

JURISPRUDÊNCIA

(Constituição Apostólica Pregai o Evangelho; artigo 201, §1º – Código de Processo Civil Brasileiro; artigo 927)

A jurisprudência é, em acepção mais corrente, o conjunto das decisões uniformes dos tribunais. Assim, cada

---

218 A pessoa que "põe" (melhor: "pratica") um ato jurídico; no processo, quem redige a sentença.

219 Cânon 1429.

corte estadual produz quotidianamente jurisprudência. Em princípio, os juízes de primeira instância não são obrigados a sentenciar conforme o entendimento jurisprudencial, a menos que haja a "súmula vinculante" oriunda do Supremo Tribunal Federal[220].

Na Igreja ocorre fenômeno similar, com a diferença de que a jurisprudência dimana somente dos tribunais superiores, a Rota Romana[221] e a Assinatura Apostólica. Não há que se falar em jurisprudência dos tribunais eclesiásticos de primeiro e segundo graus. Exemplo bem conhecido diz respeito à gênese do atual cânon 1095, 2º. Antes que o referido cânon surgisse no código atual, promulgado em 1983, os tribunais eclesiásticos já declaravam a nulidade de matrimônios em virtude da grave falta de discrição de juízo dos cônjuges. O procedimento encetado nas cortes canônicas estadunidenses logrou chancela da Rota Romana, tornando-se os veredictos rotais a base jurisprudencial para a decretação de invalidade do sacramento.

Como coletânea de decisões uniformes, a jurisprudência, ao lado da doutrina, é fonte mediata ou indireta do Direito Estatal e outrossim do Direito Canônico. Sabemos que as fontes diretas ou imediatas do Direito são a lei e o costume.

No Direito Canônico existe uma peculiaridade relativamente à exegese da lei. Refiro-me a um sodalício, o Dicastério para os Textos Legislativos, órgão incumbido do mister de interpretar autenticamente a norma jurídica. Com efeito, reza a Constituição Apostólica *Praedicate Evangelium*, que regula a cúria romana:

---

220 Artigo 927 do Código de Processo Civil Brasileiro.

221 Artigo 200, §1º da Constituição Apostólica *Preadicate Evangelium*.

> "Compete a este dicastério formular a interpretação autêntica das leis da Igreja, aprovada em forma própria pelo pontífice romano, como supremo legislador e intérprete, ouvidas as instituições curiais e os órgãos da cúria romana competentes para cada uma das matérias consideradas"[222].

O termo "jurisprudência" pode, ainda, designar o arcabouço de todas as deliberações judiciárias, uniformes ou não, bem como ser utilizado como sinônimo de Direito enquanto ciência, sinonímia raramente empregada.

LEI

(Livro I do Código Canônico; cânon 7º – Constituição Federal; artigos 61 a 69)

Definição

Conhecidíssima a definição de Santo Tomás de Aquino: "Lei é a ordenação da razão, para o bem comum, promulgada pela autoridade social[223]". Não há dúvida de que este excelente conceito do Doutor Angélico serve tanto para a lei canônica quanto para a estatal.

Lei universal e lei particular no Direito Canônico

Pela própria natureza, toda lei é ampla e geral; incide sobre todas as pessoas, indistintamente. Mas, na Igreja e no Estado vigoram leis *universais* e *particulares*. As leis universais eclesiásticas aplicam-se em todo o orbe católico, ao passo que as particulares normalmente reservam-se às dioceses ou Igrejas particulares. As primeiras, ou seja, as universais, promulgam-se mediante a publicação na *Acta Apostolicae*

---

[222] Artigo 176.

[223] *Summa Theologiae*, I-II, q.90, 4.

Sedis, espécie de diário oficial da Igreja e passam a vigorar depois de três meses, a não ser que o legislador disponha de outra forma[224]. As leis particulares são publicadas segundo o modo prescrito pelo legislador (geralmente bispo diocesano) e passam a viger um mês após a publicação, a menos que o ordinário assine outro prazo[225].

Lei estatal

A Constituição Federal estipula as regras básicas para a confecção das leis no âmbito nacional[226]. As Constituições dos entes federativos (Estados) emulam as normativas da Constituição Federal ou obedecem-nas estritamente, dependendo do caso.

O Direito Estatal determina que as leis passem a vigorar quarenta e cinco dias depois de publicadas[227]. Sua publicação se faz no Diário Oficial. Ultimamente, esses diários só existem no formato eletrônico.

Código Canônico e Constituição Federal

À luz da definição tomista transcrita acima, a qual compreende lei em sentido lato, dizemos que a lei mais importante da Igreja é o *Codex Iuris Canonici* (Código de Direito Canônico, ou, simplesmente, Código Canônico). A Igreja inovou sobremaneira com o Código Canônico de 1917, na esteira dos Estados modernos. De feito, ingentes benefícios propiciou a promulgação do chamado Código Pio-Beneditino. São Pio X iniciou a feitura do referido diploma

---

224 Cânon 8.

225 Cânon 8, § 2º

226 Artigos 61 a 69.

227 Artigo 1º da Lei de Introdução às Normas do Direito Brasileiro.

legislativo e o papa imediatamente posterior, Bento XV, levou-o à luz.

Quando, em 1959, São João XXIII proclama a realização do Concílio Vaticano II, concomitantemente anuncia um sínodo para a Diocese de Roma e a elaboração de novo Código Canônico. Sua Santidade percebeu que o suporte jurídico é imprescindível para a Igreja; é espécie de esqueleto dela. Sem embargo, os trabalhos de feitura do código só avançam a partir de 1965, quando termina o vigésimo primeiro concílio ecumênico.

Há na Igreja dois Códigos Canônicos, mas neste livro temos como referência precípua o Código Canônico latino. A propósito, urge explicar o porquê da preferência à locução "Código Canônico" e não "Código de Direito Canônico". Na verdade, o termo "código" já implica o conjunto de normas jurídicas. Por este motivo, a fim de evitar o pleonasmo, na seara do Direito Estatal, utilizamos nomenclaturas como "Código Civil", "Código Comercial", "Código Penal" etc. e não "Código de Direito Civil", "Código de Direito Comercial", "Código de Direito Penal" etc.

Sem o Código Canônico, o maravilhoso Concílio Ecumênico Vaticano II restaria letra morta. Somente as normas jurídicas possuem o condão de pôr em prática o ideário planeado pelos padres conciliares ao largo de quatro anos. É fenômeno antropológico-social que se dá em qualquer sociedade, pois *ubi societas, ibi ius* (onde há sociedade, há direito).

Absurda e ilógica qualquer antinomia entre "direito" e "caridade". O supremo legislador explana-o lapidarmente:

> "Sendo assim, parece suficientemente claro que a finalidade do código não é de modo algum substituir na vida da Igreja e dos fiéis a fé, a graça, os carismas e *sobretudo a caridade*. Pelo contrário, o código visa exatamente a criar

> na sociedade eclesial uma ordem que, *dando primazia ao amor*, à graça e aos carismas, torne mais fácil o crescimento dos mesmos assim na sociedade eclesial como na vida de cada uma das pessoas que pertencem a ela"[228].

A lei mais importante do Estado é a Constituição Federal. Nela se regula o exercício do poder e se custodiam os chamados direitos individuais (estes são temas materialmente constitucionais, imprescindíveis para caracterizar a constituição). Ao cabo do Concílio Vaticano II, cogitou-se da elaboração de uma constituição jurídica para a Igreja, nos moldes das constituições estatais, a *Lex Ecclesiae Fundamentalis* (Lei Fundamental da Igreja). Entretanto, este projeto malogrou. Sem embargo, vige na Igreja o Direito Constitucional, isto é, "o conjunto de normas de natureza divina que perfazem a chamada 'Lei Fundamental' (constituição) da Igreja católica"[229]. Não existe na Igreja uma Constituição escrita, como no Estado, todavia, no grêmio eclesial, vigora, sim, o Direito Constitucional Canônico, composto de regras não escritas, fundamentadas na Revelação Divina. Nada obstante, o Código Canônico veicula também normas constitucionais, algumas delas integravam o projeto ao qual nos referimos. Pensemos, por exemplo, nos cânones 208 e seguintes, disciplinadores dos deveres e direitos de todos os fiéis.

Tanto na Constituição Federal quanto no Código Canônico há normas de Direito Natural. A Carta Política colocou-as sobretudo no artigo 5º. Desta feita, por exemplo, o inciso VI deste artigo determina a inviolabilidade da liberdade de consciência e de crença, "sendo assegurado o livre exercício dos cultos religiosos e garantida, na forma da lei, a

---

228 Constituição apostólica *Sacrae Disciplinae Leges*, n. 17, grifos nossos.

229 Sampel, Edson Luiz. *Noções de Direito Canônico*, Aparecida, Santuário, 2020, p. 14, *in fine*.

proteção aos locais de culto e suas liturgias". Outro exemplo de Direito Natural na Constituição da República, a liberdade de ir e vir: "É livre a locomoção no território nacional em tempo de paz, podendo qualquer pessoa, nos termos da lei, nele entrar, permanecer ou dele sair com seus bens[230]".

Ponto relevante a destacar é que tanto no Direito Canônico quanto no Direito Estatal, é mister que a lei obedeça aos ditames constitucionais. Assim sendo, o fenômeno da "constitucionalidade da lei" ocorre outrossim no ordenamento jurídico eclesial. Com efeito, o Direito Constitucional encontra-se acima das leis ordinárias. Leciona Molano:

> "A esta primazia do direito constitucional – enquanto direito divino – sobre o resto do ordenamento jurídico poderíamos chamar também nós de *princípio de constitucionalidade*, entendido como aquele princípio que manifesta a função constitucional que o direito divino realiza a respeito do direito eclesiástico humano"[231].

LEI PENAL E PRECEITO PENAL

(Livro VI do Código Canônico; cânon 1311 – Código Penal Brasileiro; Título I, artigo 1º)

Sobre a lei já discorremos, apontando suas características primordiais. No que tange especificamente à lei penal, é mister ressaltar que o Direito Canônico outrossim agasalha o princípio universal de que a lei penal retroage, se isto beneficiar o réu[232].

Quanto ao "preceito penal", trata-se de peculiaridade do Direito Canônico. No Estado vige, de forma absoluta, o princípio de que a pena[233] é nula se não infligida em processo

230 Artigo 5.º, XV.

231 Molano, Eduardo. *Derecho Constitucional Canónico*, Eunsa, Pamplona, 2013, p. 35.

232 Cânon 1313, § 1.º; artigo 5º, XL, da constituição federal.

233 Refiro-me à pena que se aplica aos delitos tipificados no Código Penal Brasileiro.

judicial, com ampla defesa do defendente[234]. No entanto, no grêmio da Igreja católica, é factível o processo extrajudicial, cabendo, então, o preceito penal, que comina a pena ou a declara mediante decreto, geralmente emanado pelo bispo.

O que mais se assemelharia ao preceito penal na seara do Estado seriam os atos emanados pelo juiz executor da pena já imposta no devido processo. Não são atos jurisdicionais que o juiz pratica, mas atos administrativos, que visam à observância estrita da pena.

LUGARES E TEMPOS SAGRADOS

(Livro IV do Código Canônico; cânones 1205 e 1256 - Acordo Brasil-Santa Sé; artigo 7º)

Lugares

Há, deveras, lugares sagrados protegidos pelo Direito Estatal. Pensemos, por exemplo, nos cemitérios. O Direito Penal do Estado tipifica alguns comportamentos malsãos: violação de sepultura,[235] subtração ou ocultação de cadáver[236] e vilipêndio a cadáver[237]. As igrejas, sítios sagrados por excelência, são outrossim objeto da custódia do Estado. Tanto que comete delito penal quem invade ou ocupa igreja ou estabelecimento destinado a culto religioso, com o intuito de constranger, discriminar, depredar ou, de qualquer modo, violar a liberdade de consciência ou de crença[238].

O Código Canônico especifica os lugares sagrados: os que se destinam ao culto divino ou à sepultura dos fiéis,

---

[234] Artigo 5º, LIV e LV, da constituição federal.

[235] Artigo 210 do Código Penal Brasileiro. Aplica-se justa pena canônica a quem profana coisa sagrada móvel ou imóvel (cânon 1369).

[236] Artigo 211 do Código Penal Brasileiro.

[237] Artigo 212 do Código Penal Brasileiro.

[238] Artigo 208D do Código Penal Brasileiro.

mediante dedicação ou bênção litúrgica[239]. O ordenamento jurídico da Igreja proíbe usos indevidos desses lugares, admitindo apenas os atos que favoreçam o exercício e o fomento do culto, da piedade e da religião[240].

Tempos

O domingo é o tempo sagrado mais importante[241]. De fato, Jesus ressuscitou num domingo. Desde os albores da Igreja católica, guarda-se o domingo como dia santo e de preceito. Até a década de 1980, o comércio não abria aos domingos. Havia leis e praxes municipais que respeitavam o silêncio e o recolhimento dominicais e não se trabalhava. A maioria dos protestantes também celebra o culto aos domingos. Nos dias que correm, infelizmente, o Estado não mais coíbe o funcionamento de lojas, supermercados, shoppings etc. no primeiro dia da semana. Sem embargo, no Brasil, país majoritariamente católico, ainda subsistem alguns feriados religiosos nacionais: Sexta-feira Santa, *Corpus Christi* (junho), Nossa Senhora Aparecida (12/10), Finados (2/11) e Natal (25/12).

A Conferência Nacional dos Bispos do Brasil (CNBB), regulando o cânon 1246, determinou os seguintes dias de preceito além do domingo, com participação obrigatória na santa missa: Natal (25/12), *Corpus Christi* (junho), Santa Maria (1º de janeiro) e Imaculada Conceição de Nossa Senhora (8/12). São dois dias santos extras para Nosso Senhor e dois para Nossa Senhora. O único destes quatro dias santos de

---

[239] Cânon 1205.

[240] Cânon 1210.

[241] Cânon 1246.

guarda em que não ocorre feriado nacional é 8 de dezembro, Imaculada Conceição e também dia da justiça[242].

MATRIMÔNIO

(Livro IV do Código Canônico; cânon 1055 – Constituição Federal, artigo 226, §2º)

O casamento ou matrimônio é a matéria mista por excelência, isto é, concerne ao Estado e à Igreja. Ambas as sociedades deveriam velar maximamente por essa maravilhosa instituição de Direito Natural, alçada por Cristo Jesus à dignidade de sacramento.

Ultimamente, assiste-se ao debilitamento jurídico e social do matrimônio. O Estado há muito equipara o conúbio ao concubinato e no grêmio eclesial já não se vitupera o divórcio com o rigor de antigamente. Além disso, ao arrepio da Constituição da República, o Supremo Tribunal Federal (STF) criou o "casamento gay". De fato, escrevi alhures:

> "A corte suprema extrapolou seu papel de órgão judicante, arvorando-se em legislador, subtraindo, assim, do povo brasileiro o direito-poder de deliberar sobre esse tipo de assunto [referia-me à "união civil homossexual], mediante os representantes populares legítimos, isto é, os deputados federais e senadores da república"[243].

Esse caudal de ideologias desgraçadamente pervade os meandros dos relacionamentos entre os católicos incautos.

Muitas autoridades não se inspiram mais no modelo de família cristã, aquele que decerto veio à mente dos constituintes, no momento em que nossos representantes

---

242 1º de janeiro é feriado nacional porque se comemora o dia da confraternização universal.

243 Sampel, Edson Luiz. *Elementos de Direito Eclesiástico Brasileiro*, Aparecida: Santuário, 2019, p. 166.

sufragaram a família como base da sociedade e, destarte, impuseram a cabal proteção do Estado[244].

Com a reforma de 2015, o processo canônico de nulidade de matrimônio abdica do recurso oficial e compulsório em face das sentenças que declaram a nulidade do sacramento. Esta alteração no procedimento, a princípio, não compromete a salvaguarda do matrimônio válido e consumado, contanto que o defensor do vínculo passe a atuar com maior severidade. Na seara civil, casa-se hoje e se divorcia amanhã, ao alvedrio dos cônjuges.

Desde 1977, o divórcio foi implantado no Brasil. De feito, o casamento "civil" pode ser dissolvido pelo divórcio[245]. Interessante, neste inciso, o adjetivo "civil" acoplado à palavra "casamento". Será que o constituinte, por via oblíqua, está dizendo que o casamento canônico é indissolúvel?

O Código Canônico define o matrimônio da seguinte belíssima maneira:

> "A aliança matrimonial, mediante a qual o homem e a mulher constituem entre si consórcio da vida toda, ordenada por sua índole ao bem dos cônjuges e à geração e educação da prole, foi elevada por Cristo nosso Senhor à dignidade de sacramento entre os batizados"[246].

O Código Civil Brasileiro, por sua vez, preceitua que pelo casamento, "(...) homem e mulher assumem mutuamente a condição de consortes, companheiros e responsáveis pelos encargos da família"[247].

---

[244] Artigo 226, *caput*, da Constituição Federal. O Direito não visa apenas a normatizar as mudanças de opinião na sociedade, mas destina-se também a conservar os valores augustos, fundamentos da sociedade.

[245] Artigo 226, § 6º da Constituição Federal.

[246] Tradução do cânon 1055.

[247] Artigo 1565.

Inovação relevante[248] trouxe ao ordenamento jurídico estatal o Acordo Brasil-Santa Sé. Deveras, o artigo 12, §1º, do pacto diplomático ajustado entre o Brasil e a Santa Sé, franqueia aos católicos a prerrogativa de homologação de sentença eclesiástica de nulidade de matrimônio, após confirmação pela Assinatura Apostólica, o órgão máximo do Poder Judiciário da Igreja. Nenhum outro crente acatólico logrará obter o veredicto de nulidade de casamento, exceto nas restritas hipóteses de nulidade elencadas pelo Código Civil. Desta feita, o católico – e somente o católico – retornará ao estado civil de "solteiro", empós da homologação da sentença eclesiástica pelo STJ.

O mesmo festejado Acordo Brasil-Santa Sé corrobora o ditame da Constituição da República, segundo o qual o casamento religioso (canônico) tem efeito civil. Se não, vejamos:

> "O casamento celebrado em conformidade com as leis canônicas, que atender também às exigências estabelecidas pelo direito brasileiro para contrair o casamento, produz os efeitos civis, desde que registrado no registro próprio, produzindo efeitos a partir da data da sua celebração"[249].

Proteção penal

Até 2005, o adultério era crime punível pelo Direito Estatal. Hoje em dia, inexiste, portanto, a proteção coercitiva do Estado em matéria de fidelidade no matrimônio. No Direito Canônico, o adultério enseja a separação dos cônjuges (separação de corpos), isto é, a cessão da vida comum, nas não a dissolução do vínculo, inquebrantável, se se tratar de conúbio válido e consumado.

---

248 Talvez a única novidade do Acordo Brasil-Santa Sé.

249 Artigo 12, *caput*.

Abandono intelectual e delito canônico similar

A favor da família, Igreja doméstica, fruto do matrimônio, o Direito Estatal e o Direito da Igreja normatizam penalmente. Assim, o Direito Estatal, por exemplo, prescreve o delito de abandono intelectual:

> "Deixar, sem justa causa, de prover à instrução primária de filho em idade escolar. Pena: detenção, de quinze dias a um mês, ou multa".[250]

O Direito Penal Canônico, de outra banda, tipifica o delito dos pais que batizam os filhos em crença acatólica ou confiam a educação da prole à religião acatólica. Eis a tradução do cânon em tela:

> "Os pais, ou quem faz suas vezes, que entregam os filhos para que sejam batizados ou educados em uma religião acatólica devem ser punidos com censura ou justa pena"[251].

Causas mais comuns de nulidade do matrimônio canônico

Sabemos que, por princípio, o casamento é indissolúvel. Com efeito, trata-se de injunção expressa de Nosso Senhor Jesus Cristo (cf. Mc 10, 1-12). Sendo assim, nenhum poder humano, nem a Igreja, nem o papa podem anular um matrimônio *válido* e consumado. Friso o adjetivo *válido*! De fato, se o casamento for *inválido* ou inexistente, a autoridade eclesiástica, isto é, a Justiça Canônica declarará a nulidade do conúbio, a pedido de um dos cônjuges ou de ambos os cônjuges.

As causas mais comuns de nulidade do casamento canônico dizem respeito ao consentimento dos nubentes; são as enumeradas abaixo. O Código Civil Brasileiro prevê a possibilidade

[250] Artigo 246 do Código Penal Brasileiro.

[251] Cânon 1367.

de anulação por vício da vontade, apenas no que concerne a erro essencial quanto à pessoa do outro cônjuge[252].

1) Exclusão do bem da prole: um dos nubentes, ou ambos, não querem ter filhos

Esta vicissitude, importantíssima no Direito Canônico, é praticamente irrelevante no Direito Civil.

2) Exclusão do bem da fidelidade: não se admite a exclusividade de um único parceiro

O Direito Penal do Estado pune a bigamia[253], mas não pune o adultério, descriminalizado em 2005.

3) Exclusão do matrimônio: não se deseja o casamento em si; quer-se, apenas, a aparência de casamento, para atingir outro objetivo

Poderia haver algum interesse em provar a simulação no âmbito estatal, no entanto, o divórcio resolve tudo, pois liquida o vínculo, isto é, derriba os alicerces do conjúgio.

4) Erro de qualidade direta e principalmente desejada: o fato de o parceiro, por exemplo, ser educadíssimo é tudo para a noiva; casa-se com ele, visando à referia qualidade personalizante

Também aqui parece não subsistir nenhum liame com o Direito Estatal, para fins de anulação do casamento civil.

5) Violência ou medo. Exemplo: alguém constrange o noivo, mediante ameaça de morte, a convolar ao matrimônio ou, então, surge o denominado *temor reverencial*

---

252 Artigo 1550, III c.c. os artigos 1556 a 1558.

253 Artigo 235 do Código Penal Brasileiro.

O temor reverencial, vale dizer, o excessivo obséquio ao parecer dos pais ou da sociedade, não resulta em consequência jurídica na seara civil. Sem embargo, o medo provindo de grave ameaça nulifica assim o matrimônio canônico como o cível, porquanto o consentimento é a mola propulsora de qualquer tipo de contrato.

6) Grave falta de discrição de juízo: os cônjuges, ou um deles, não dispõem da maturidade necessária para a assunção dos encargos do matrimônio

Este ponto, igualmente, o Direito do Estado não regula e a ocorrência da grave falta de discrição de juízo quase sempre redunda em incompatibilidade de gênios. Mas, – repetimos – o divórcio de vínculo nem requer tais embasamentos fáticos.

As anomalias listadas acima têm de estar presentes no exato momento em que ocorre o casamento, isto é, na *celebração*, diante da testemunha qualificada (geralmente um padre). Esta circunstância nulificante será adequadamente aferida em processo judicial eclesiástico.

Todo católico tem o direito líquido e certo de recorrer ao tribunal eclesiástico, mesmo que seja apenas para espancar dúvidas. Para o casamento católico, o *consentimento*, como vimos, é preponderante, porquanto os próprios noivos são os ministros do sacramento do matrimônio. Desta feita, se houver alguma deturpação do consentimento, principalmente pelos seis motivos ora declinados, o casamento é inválido.

MINISTÉRIO DA PALAVRA

(Livro III do Código Canônico; cânon 756 – Constituição Federal, artigo 5º, IV)

A palavra é, indubitavelmente, o modo mais excelso de o homem exprimir o pensamento. Por isso, a Constituição

Federal preceitua a liberdade da manifestação do pensamento, interdizendo o anonimato[254]. Com efeito, o anonimato não raro homizia pretensões funestas, ofensivas.

A locução codicial "ministério da palavra" (*de divini verbi ministério*), entretanto, refere-se, por óbvio, à Palavra das palavras, a saber, à Palavra Divina proferida por Jesus Cristo. É a mensagem salvífica do Evangelho. Nesse diapasão, o Código Canônico regula esse singular ministério a partir do cânon 756.

Infelizmente, o Estado cerceia a liberdade da Igreja em muitos temas. Por exemplo, não lhe é permitida a exprobração da conduta homossexual, sob pena de "homofobia"; nem mesmo fustigar o aborto, malgrado crime, em virtude do que se denomina erroneamente de "aborto legal". Assim, infelizmente, a doutrina de Nosso Senhor não pode ser proclamada integralmente, a menos que se queira correr o risco de um processo judicial[255].

O artigo 220 da Constituição da República reforça o preceito da liberdade de pensamento:

> "A manifestação do pensamento, a criação, a expressão e a informação sob qualquer forma, processo ou veículo, não sofrerão qualquer restrição, observando o disposto nesta constituição".

Na prática, contudo, sabemos que as restrições são muitas, principalmente quando se trata de assuntos morais. A sociedade moderna, atolada em ideologias, não tolera os limites impostos pela ética cristã. A Igreja não deve falar simplesmente aos católicos. Muito pelo contrário, a missão dela, conferida pelo Divino Fundador, visa aos que

---

[254] Artigo 5º, IV.

[255] Muitos católicos do limiar do cristianismo preferiam morrer a acender incenso aos ídolos pagãos. Foram os mártires.

ainda não creem ou não conhecem o conteúdo libertador do Evangelho.

Para divulgar a Palavra de salvação, o cânon 761 estabelece que devem ser utilizados todos os meios midiáticos disponíveis. O Estado brasileiro não exige grandes formalidades para a circulação de periódicos (jornais, revistas[256] etc.)[257].

OBRIGAÇÕES E DIREITOS DOS FIÉIS EM GERAL

(Livro II do Código Canônico; cânon 208 – Constituição Federal, artigo 5º)

Os católicos vivem em sociedade; concomitantemente cidadãos (membros do Estado) e fiéis (membros da Igreja). As duas sociedades perfeitas[258], o Estado e A Igreja Católica, perseguem o bem comum. Aquele, o bem comum imanente, transitório; esta, o bem comum perene, escatológico, salvífico, transcendente. Uma e outra sociedade, com vistas na execução de seu escopo, necessitam de leis. Assim, é mister que haja deveres e obrigações juridicamente delineados. Pontificavam os romanos: *ius et obligatio sunt correlata*; em vernáculo: a cada direito corresponde uma obrigação.

São João Paulo II, ao promulgar o Código Canônico em vigor, ofereceu-nos imprescindível esclarecimento a propósito do papel da lei na sociedade eclesial:

---

[256] Constituição Federal, artigo 220, §6º.

[257] Infelizmente, grandes periódicos católicos, como, por exemplo, a revista Família Cristã e a revista Ave Maria, com 85 anos aquela e 125 anos esta, deixaram de circular em papel e, consequentemente, desapareceram empós malograda tentativa de sobrevivência na Internet.

[258] Não é exato asseverar que o Concílio Vaticano II aboliu a ideia de que a Igreja é uma sociedade perfeita. Malgrado a ênfase recaia na locução "povo de Deus", o vocábulo "sociedade" aparece em vários pontos da Constituição Dogmática *Lumen Gentium*, sem o adjetivo "perfeita". Mas, se Nosso Senhor erigiu uma sociedade salvífica, esta só poderia ser perfeita, juridicamente falando, isto é, possuidora de todos os recursos para atingir seu fim, a salvação das almas.

> "(...) Parece suficientemente claro que a finalidade do Código não é, de modo algum, substituir, na vida da Igreja e dos fiéis, a graça, os carismas e sobretudo a caridade. Muito pelo contrário, o Código visa a criar na sociedade eclesial uma ordem que, dando primazia ao amor, à graça e aos carismas, torne mais fácil o crescimento ordenado desses mesmos bens tanto na sociedade eclesial como na vida de cada uma das pessoas que pertencem a ela"[259].

As obrigações e direitos básicos dos cidadãos encontram-se precipuamente na Constituição da República e no Código Civil Brasileiro[260]. No Código Canônico há deveres e direitos específicos dos membros da sociedade eclesial e alguns análogos ou mesmo idênticos aos do Estado. Os direitos idênticos geralmente têm alicerce no Direito Natural. Desta feita, por exemplo, o "direito de associação" é regulado (protegido) tanto pela Constituição Federal[261] quanto pelo Código Canônico[262]. Por quê? Porque se trata de faculdade embasada no Direito Natural, é dizer, o homem é ser gregário por natureza. Deus fê-lo assim[263].

Paralelo entre a Constituição Federal e o Código Canônico

O artigo 5.º da Constituição da República elenca uma série de direitos. Muitos deles têm por base o Direito Natural. Desta feita, não se instituem direitos, mas simplesmente salvaguarda-os a carta política. O Código Canônico procede da mesma forma. Como sabemos, o Direito Natural está acima

---

259 Constituição Apostólica *Sacrae Disciplinae Leges*, n. 17.

260 Existem, por óbvio, inúmeras leis esparsas ou mesmo outros códigos que impõem deveres e custodiam direitos individuais. A Constituição Federal e o Código Civil Brasileiro são talvez apenas as leis mais importantes.

261 Artigo 5º, XVII.

262 Cânon 215.

263 Gn 2,18.

do Direito Positivo, estatal ou paraestatal, hipótese do Direito Canônico. Quanto mais o Direito Positivo se aproxima do Direito Natural, tanto melhor.

Vamos ver apenas alguns exemplos de direitos sufragados em ambas as legislações, a canônica e a civil.

Estatui o cânon 220 que a ninguém é lícito lesar ilegitimamente a boa fama de outrem, nem violar o direito à intimidade individual. Na mesma esteira, a Constituição Federal preceitua:

> "São invioláveis a intimidade, a vida privada, a honra e a imagem das pessoas, assegurado o direito à indenização pelo dano material ou moral decorrente de sua violação"[264].

A Igualdade ontológica que existe entre os membros da Igreja, leigos e clérigos, registrada no cânon 208, depara-se com similar preceito constitucional:

> "Todos são iguais perante a lei, sem distinção de qualquer natureza, garantindo-se aos brasileiros e aos estrangeiros residentes no país a inviolabilidade do direito à vida, à liberdade, à igualdade, à segurança e à propriedade (...)"[265].

O que se confere no cânon 213, ou seja, a ajuda dos bens espirituais, principalmente a Palavra de Deus e os sacramentos, de certa forma, *mutatis mutandis*, equipara-se ao dever do Estado no que tange à educação. Eis o dispositivo constitucional pertinente:

> "A educação, direito de todos e dever do Estado e da família, será promovida e incentivada com a colaboração da sociedade, visando ao pleno desenvolvimento da pessoa, seu preparo para o exercício da cidadania e sua qualificação para o trabalho"[266].

---

264 Artigo 5º, X.

265 Artigo 5º, *caput.*

266 Artigo 205 da Constituição Federal.

A imperiosidade das contribuições pecuniárias, mormente o dízimo (Quinto Mandamento da Igreja), segundo o cânon 222, §1º, assemelha-se à compulsoriedade do imposto na seara estatal. A Constituição da República regula a temática a partir do artigo 145. No fundo, o dízimo está para a sociedade eclesiástica (a Igreja) assim como o imposto está para a sociedade política (o Estado).

OFÍCIO (CARGO) ECLESIÁSTICO

(Livro I do Código Canônico; cânon 145 - Constituição Federal, artigo 37, II)

As palavras "ofício" e "cargo" se equivalem, isto é, são sinônimas. De um modo geral, o ofício ou cargo corresponde a determinada função assumida nalguma instituição pública. Assim se dá na Igreja e, também, na sociedade política.

O Direito Canônico define o ofício (cargo) eclesiástico como qualquer múnus (função) constituído estavelmente, por disposição divina ou eclesiástica, a ser exercido para um fim espiritual[267]. Exemplo de cargo instituído por disposição divina é o de chefe visível da Igreja (Mt 16-19)[268]. Já o Direito Estatal conceitua o cargo como "o conjunto de atribuições e responsabilidades previstas na estrutura organizacional que devem ser cometidas a um servidor"[269].

A estabilidade no cargo, frisada pelo legislador canônico no cânon 145, outrossim se verifica no Direito do Estado[270]. No plano civil, costuma-se ascender ao cargo mediante concurso público de provas ou de provas e títulos[271] ou por meio

---

267 Cânon 145, §1º.

268 Cânon 331.

269 Artigo 3º da Lei 8.112/1990.

270 Neste livro, tratamos de alguns cargos eclesiásticos específicos.

271 Artigo 37, II, da Constituição Federal.

de sufrágio universal (cargos de presidente, governador, senador, deputado etc.). O concurso público visa a oportunizar que qualquer cidadão capacitado, independentemente de raça, sexo, religião etc., assuma cargo público[272]. Na Igreja, *grosso modo*, as nomeações seguem os critérios declinados no cânon 149, é dizer, o exercente do cargo precisa estar em comunhão com a Igreja, ser pessoa idônea, dotada das qualidades que se requerem para o respectivo cargo[273].

PARÓQUIA

(Livro II do Código Canônico; cânon 515 – Acordo Brasil-Santa Sé, artigo 3º, caput)

Antes de mais nada, é mister deixar bem claro que "paróquia"[274] não é o "templo" ou a "igreja". Desta feita, errônea a seguinte colocação verbal: "pintaram a paróquia recentemente". Não. Pintaram recentemente a igreja-matriz ou a igreja da paróquia. Paróquia, de um modo geral, é "território"[275].

A paróquia, território da diocese, ou seja, parte da diocese, é arrolada no artigo 3.º do Acordo Brasil-Santa Sé entre as pessoas jurídicas reconhecidas pelo Estado. Governa a paróquia, em nome do bispo diocesano, o pároco, o qual, dependendo da situação, pode ser assistido por um ou mais vigários. Perante as autoridades do Estado, responde o pároco nos assuntos concernentes à paróquia. Essa pessoa jurídica de Direito Canônico e de Direito Estatal, explicitamente

---

272 Na Itália, de onde em onde, realizam-se concursos públicos entre presbíteros para a investidura no cargo de pároco.

273 §1º.

274 "Freguesia" é sinônimo de paróquia; e "freguês" de paroquiano.

275 Cânones 515 e 518.

chancelada pelo acordo internacional supramencionado, possui CNPJ próprio.

O reconhecimento civil da paróquia como pessoa jurídica de pleno direito facilita sobreposse as interações com os vários entes governativos. Em última análise, o pároco está à testa de tudo.

Talvez em analogia harto deficitária, asseveraríamos que a paróquia está para o bairro, assim como a diocese está para a unidade federativa. Contudo, tal aproximação peca por inúmeros problemas. De qualquer modo, muita vez, a paróquia corresponde a determinado bairro da cidade[276].

Do ponto de vista canônico-pastoral, o pároco e os agentes pastorais precisam sempre percorrer as ruas que compõem a paróquia, quer erigindo "capelas", quer pregando a boa nova por meio de missões. Mas, a sede da paróquia, na perspectiva tanto do Direito Canônico quanto do Direito Estatal, é a igreja-matriz ou igreja paroquial.

Sabemos outrossim que os templos de qualquer culto – não só os cristãos[277] – gozam da imunidade tributária[278]. O dia a dia contábil, administrativo, bancário e financeiro da paróquia está sob a responsabilidade do pároco. Daí a importância, canônica e estatal, do Conselho de Assuntos Econômicos (CAE)[279], presidido pelo pároco e gerido por determinados paroquianos. É uma maneira de o pároco não se sobrecarregar, dedicando-se, assim, prioritariamente, à atividade de cura de almas. Mas, também, o referido conselho

---

[276] Lembremo-nos do famoso bairro paulistano "Freguesia do Ó".

[277] Nesse sentido, não pagam tributos os "pagodes" (templos budistas), as "mesquitas" (templos islâmicos), as "sinagogas" (templos judeus), os "terreiros" (templos umbandistas) etc.

[278] Artigo 150, VI, b, da Constituição Federal. Segundo interpretação jurisprudencial e doutrinal, a imunidade constitucional não se restringe aos bens de raiz (imóveis), mas afeta igualmente, por exemplo, o preço da vela usada no rito litúrgico.

[279] Cânon 537. Único conselho canonicamente obrigatório.

suscita a transparência financeira, requisito canônico e civil, o qual, se olvidado, trará consequências desastrosas tanto na seara canônica quanto no âmbito estatal, com diversas penalidades graves. Afinal de contas, a pecúnia ofertada pelo povo de Deus não pode ser malbaratada; nem tampouco o patrimônio eclesiástico, propriedade da diocese sofrerá malversações.

PARTES

(Livro VII do Código Canônico; cânon 1476 – Código de Processo Civil Brasileiro, artigo 70)

As "partes" são as pessoas, físicas ou jurídicas, que litigam no polo ativo e no polo passivo do processo judicial. Quem instaura o processo (polo ativo) se chama "autor"; quem o sofre (polo passivo) recebe o nome de "réu"[280]. Esta nomenclatura se adapta ao Direito Canônico, malgrado o Direito Processual da Igreja preferir a palavra "demandado" à palavra "réu". Nos processos que visam ao exame da validade dos matrimônios, utiliza-se amiúde os termos técnicos "demandante", para autor e "demandado"[281], para réu, ou, ainda, "parte demandante" e "parte demandada".

Além dos dois sujeitos principais, demandante e demandado, há, outrossim, terceiros interessados que eventualmente participarão do processo e são considerados partes[282]. O juiz e o advogado não são partes no processo. A propósito, o juiz tem de ser "imparcial", sob pena de irritar o processo. O advogado é o profissional, inscrito na Ordem dos Advogados do Brasil (OAB), habilitado para postular

280 Feminino: "ré"; conjunto: corréus ou corrés (nova ortografia).

281 Observe-se, contudo, que o contraditório, tecnicamente falando, não se verifica entre demandante e demandado, mas entre estes e o defensor do vínculo.

282 Parte também é o "opoente" ou "assistente" ou todo aquele que, no exercício de legítimo e próprio direito, vem intervir numa causa em curso.

em nome das partes. O promotor de justiça e o defensor do vínculo são decerto partes no processo.

Geralmente, cada uma das partes postula em juízo por intermédio de um advogado. *Grosso modo*, a parte não se reporta diretamente ao juiz. Há exceções. No Direito Canônico, especificamente nas ações de nulidade de matrimônio, muitos tribunais dispensam o trabalho do advogado. Desta feita, o cônjuge, por si só, pode acusar a nulidade do seu casamento. Do ponto de vista legal, não há necessidade de advogado.

A parte pessoa jurídica, por exemplo, uma associação ou instituto religioso, comparece em juízo por intermédio do representante legal (pessoa física), porém, a postulação técnica perante o julgador se fará pelo advogado constituído nos autos.

O Direito Processual do Estado admite a pluralidade de autores e de réus. É o fenômeno processual que há nome "litisconsórcio". Duas ou mais partes - os litisconsortes - ajuízam a ação (polo ativo), ou, então, padecem-na (polo passivo). Observe-se que não deve haver conflito de interesses entre as partes que constituem o polo ativo ou polo passivo. A lide se estabelece exatamente entre os dois polos da relação processual: ativo e passivo. O Direito Processual Canônico não regula explicitamente o instituto do litisconsórcio.

Tanto no Direito Estatal quanto no Direito Canônico, os menores de idade ou mentalmente deficientes são assistidos pelos pais ou responsáveis. Aliás, o Direito Processual Canônico admite em juízo o curador ou tutor nomeado pela autoridade civil[283]. Não se confunda a "capacidade de ser parte", decorrência natural do fato radical de ser pessoa humana[284], com a "capacidade processual", legitimação para estar pessoalmente em juízo.

---

[283] Cânon 1479.

[284] Cânones 96, 221 e 1476.

A chamada "capacidade postulatória", no Direito Estatal, atribui-se à parte pela constituição de advogado, geralmente obrigatória. Vale dizer, a parte frui de capacidade postulatória porque se faz representar por um causídico. No Direito Canônico, como vimos, salvo nos processos penais, a própria parte pode agir diretamente e, portanto, a capacidade postulatória não depende do lavor de advogado[285].

PENAS EM GERAL

(Livro VI do Código Canônico; cânon 1331 – Código Penal Brasileiro, artigo 32)

A privação da liberdade, a multa e a restrição de direitos

No Estado há, fundamentalmente, as seguintes penas: privativas de liberdade, multas e restritivas de direitos. Assim, por exemplo, quem comete um homicídio está sujeito à pena básica de prisão de 6 a 20 anos (privativa de liberdade)[286]. Por outro lado, exemplificativamente, na condenação igual ou inferior a um ano, a pena privativa de liberdade pode ser substituída por pena restritiva de direitos e multa ou por duas restritivas de direitos[287]. Nesta situação, a pena consiste somente em multa e restrição de direitos. O condenado não vai para a cadeia! Existem práticas ilícitas que ensejam tão somente a multa. Por exemplo, quem interna uma pessoa em estabelecimento psiquiátrico, sem as devidas formalidades legais, comete contravenção e sujeita-se a pagar multa[288].

---

[285] De qualquer modo, mesmo nos processos de nulidade de matrimônio, recomenda-se que a parte seja assistida por advogado.

[286] Artigo 121 do Código Penal Brasileiro.

[287] Artigo 44, §2º, do Código Penal Brasileiro.

[288] Artigo 22, *caput*, da Lei de Contravenções Penais.

As penas restritivas de direitos são de cinco modalidades, a saber: a) prestação pecuniária; b) perda de bens e valores; c) prestação de serviços à comunidade ou a entidades públicas; d) interdição temporária de direitos; e) limitação de fim de semana[289].

Penas medicinais ou expiatórias

No Direito Penal Canônico existem as penas medicinais ou censuras e as penas expiatórias[290]. As penas medicinais ou censuras são de três tipos, a saber: excomunhão, interdito e suspensão.

As penas expiatórias, por seu turno, consistem na obrigação de o condenado residir em determinado lugar ou de pagar uma multa;[291] na proibição de residir em determinado lugar, de desempenhar em qualquer lugar ou em lugar específico algum ofício ou cargo, ministério ou função inerente a ofícios ou cargos; a proibição pode ainda recair sobre a prática de qualquer ato ou determinado ato de poder de ordem, ou ato de poder de regime; sobre o exercício de algum direito ou privilégio, ou uso de títulos e distintivos; sobre o voto, com voz ativa e passiva nas eleições canônicas; sobre a vestimenta de traje eclesiástico ou hábito religioso.

A pena expiatória pode também implicar a privação de todos ou de determinados ofícios, cargos, ministérios ou funções, ou ainda, de algumas atividades concretas inerentes aos ofícios ou aos cargos; da faculdade de ouvir confissões ou de pregar; do poder de regime delegado; de algum direito ou privilégio ou de distintivos ou títulos; da totalidade ou de parte da remuneração eclesiástica, segundo as normas

[289] Artigo 43 do Código Penal Brasileiro.

[290] Cânon 1312.

[291] Cânon 1336, §2º, 1º e 2º.

estabelecidas pela conferência episcopal. Por fim, a pena expiatória pode, ainda, preceituar a expulsão do estado clerical[292]. Resumindo, então, as penas expiatórias podem atingir o condenado com uma das seguintes reprimendas: obrigação, proibição, privação ou expulsão do estado clerical.

Remédios penais ou penitências

Aqui estamos em face de particularidade persecutória inexistente no Direito repressor do Estado. Os remédios penais visam à prevenção do delito, quando o ordinário vislumbra certo comportamento malsão que eventualmente convolará a delito tipificado. Não há processo penal ainda. As penitências, por outro lado, substituem a pena já estatuída pelo juiz, ou aumentam-na[293].

Pena de morte

O Direito do Estado proíbe a pena de morte, mas não de forma absoluta, porquanto existe a exceção do caso de guerra[294]. Nesta hipótese, o soldado que desertar do campo de batalha, eventualmente, será executado conforme sentença da corte marcial.

Não há nenhum dispositivo no Código Canônico acerca da pena capital. Nada obstante, a doutrina católica repudia-a veementemente. Na verdade, houve certa evolução no entendimento do tema. Quando vem a lume em 1992, o Catecismo da Igreja Católica propugna a possibilidade da pena máxima:

---

292 Cânon 1336, §§ 2º a 5º.

293 Cânon 1312, §3º.

294 Artigo 5º, XLVII da Constituição Federal.

> "A este título, o ensinamento tradicional da Igreja reconheceu como fundamentado o direito e o dever da legítima autoridade pública de infligir penas proporcionadas à gravidade dos delitos, **sem excluir, em casos de extrema gravidade, a pena de morte**"[295].

O magistério de São João Paulo II, no entanto, passou a advogar a extinção da pena de morte, considerada desnecessária e contraproducente. Em 1995, na monumental encíclica *Evangelium Vitae*, o Santo Padre pronuncia-se enfaticamente:

> "No mesmo horizonte, situa-se igualmente a aversão cada vez mais difusa na opinião pública à pena de morte – mesmo vista só como instrumento de 'legítima defesa' social –, tendo em consideração as possibilidades de que uma sociedade moderna dispõe para reprimir eficazmente o crime, de forma que, enquanto torna inofensivo quem o cometeu, não lhe retira definitivamente a possibilidade de se redimir"[296].

Em 2017, o Papa Francisco, no exercício do assim chamado poder das chaves (cf. Mt 16, 19), reformulou completamente a doutrina da Igreja a respeito da pena capital. Vejamos a atual redação do Catecismo da Igreja Católica:

> "Durante muito tempo, considerou-se o recurso à pena de morte por parte da autoridade legítima, depois de um processo regular, como proposta adequada à gravidade de alguns delitos e meio aceitável, ainda que extremo, para a tutela do bem comum. Hoje vai se tornando cada vez mais viva a consciência de que a dignidade da pessoa não se perde, mesmo depois de ter cometido crimes gravíssimos. Além disso, difundiu-se nova compreensão do sentido das sanções penais por parte do Estado. Por fim, foram desenvolvidos sistemas de detenção mais eficazes, que garantem a indispensável defesa dos cidadãos sem, ao mesmo tempo, tirar definitivamente ao réu a possibilidade de se redimir. Por isso, **A IGREJA ENSINA, À LUZ DO EVANGELHO, QUE A**

---

[295] N. 2266 da primeira edição do Catecismo da Igreja Católica, grifos nossos.

[296] N. 27c.

> **PENA DE MORTE É INADMISSÍVEL**, porque atenta contra a inviolabilidade da pessoa, e empenha-se, com determinação, em favor de sua abolição em todo o mundo"[297].

Importante esclarecer que o ensinamento de Santo Tomás de Aquino relativamente à legítima defesa[298] , amiúde estendido à pena capital, convinha para a época em que a Suma Teológica foi escrita. Todavia, se confrontado com a realidade hodierna, o Doutor Angélico decerto não poria a pena de morte em pé de igualdade com a legítima defesa.

Em 2020, na encíclica *Fratelli Tutti*, o Papa Francisco volta a exprobrar a pena de morte:

> "Quero assinalar que é impossível imaginar que hoje os Estados não possam dispor de outro meio, que não seja a pena de morte, para defender a vida de outras pessoas do agressor injusto"[299].

Além disso, o atual Sucessor de São Pedro critica outrossim a pena de prisão perpétua, tachando-a de "pena de morte escondida"[300].

PESSOA FÍSICA E PESSOA JURÍDICA

(Livro I do Código Canônico; cânones 96 e 113 – Código Civil Brasileiro; artigos 2º e 40)

Pessoa física é o ser humano. O Código Canônico vigorante estatui que pelo sacramento do batismo, o homem se constitui pessoa na Igreja[301]. Para o Direito Estatal, o ente humano passa a ser pessoa desde o nascimento com vida[302].

---

297 Catecismo da Igreja Católica, n. 2267, grifos nossos.

298 Suma Teológica, 2-2,64,7.

299 N. 267.

300 Encíclica Fratelli Tutti, n. 268.

301 Cânon 96.

302 Artigo 2º do Código Civil Brasileiro.

A pessoa jurídica, por seu turno, descreve-se no ordenamento eclesiástico, como "os sujeitos passíveis de direitos e obrigações congruentes com a própria índole"[303]. Vale dizer, algumas pessoas físicas (os sujeitos) se juntam legalmente para a consecução de determinado fim social. Observe-se que a Igreja católica e a Sé Apostólica são "pessoas morais"[304]. Embora o Direito francês, às vezes, utilize esse termo (pessoa moral) como sinônimo de "pessoa jurídica", rigorosamente falando, pessoa moral é uma instituição de direito divino positivo. A Igreja e a sede petrina foram erigidas diretamente por nosso Senhor Jesus Cristo (Mt 16, 19; Jo 21, 15-22).

O Direito Civil preceitua que as "pessoas jurídicas são de direito público, interno ou externo, e de direito privado"[305]. O ordenamento legal da Igreja outrossim regula diversas especificações das pessoas jurídicas[306], as quais não vêm para aqui.

Apenas para rematar este item, lembremos que na Igreja também existe a figura da "fundação", embora o código não se sirva desta nomenclatura, preferindo o termo "universidade de coisas" (*universitas rerum*)[307]. Com efeito, a fundação se caracteriza realmente pela agregação de bens patrimoniais, e não exatamente pela reunião de seres humanos, como ocorre com a pessoa jurídica (por exemplo: vários sócios de uma fábrica). No Direito do Estado, igualmente se assoalha clarividente a natureza patrimonial da fundação, uma vez que para criá-la, "seu instituidor fará, por escritura pública ou testamento, **dotação especial de bens livres**, especificando o fim a que se destina e declarando, se quiser, a maneira de administrá-la[308]".

---

[303] Cânon 113, § 2º

[304] Cânon 113, § 1º

[305] Artigo 40 do Código Civil Brasileiro.

[306] Vejam-se os cânones 115 a 123.

[307] Cânon 115, § 3º

[308] Artigo 62 do Código Civil Brasileiro, grifos nossos.

PIAS VONTADES E FUNDAÇÕES PIAS

(Livro V do Código Canônico; cânon 1299 – Código Civil Brasileiro, artigo 62)

Mediante doação *inter vivos* (contrato) ou *causa mortis* (testamento), adjudica-se determinado patrimônio a um fim pio (piedoso). O Direito Canônico e o Direito Estatal regulam os efeitos da denominada "vontade pia" (piedosa). O ordenamento jurídico da Igreja manda que sejam observadas as normas do Estado[309]. Com efeito, a transferência da propriedade imobiliária implica certa solenidade, a qual visa à garantia dos direitos dos contratantes.

Antigamente, a "pia vontade" do testador externava-se pela frase "doação ao santo", grafada de próprio punho pelo *de cujos*. Isto denotava a vontade do fiel de transferir à Igreja determinado bem, geralmente um ou vários imóveis. No Brasil, muitas dioceses se agraciaram com este tipo de doação.

O Código Canônico admoesta o fiduciário a informar o ordinário sobre o encargo[310]. A fidúcia é instituto jurídico do direito civil, "exprimindo o encargo ou ônus que pesa sobre a propriedade dada em *fideicomisso*, porquanto é ela pertencente ao *fiduciário*, enquanto viver ou conforme cláusula dispositiva do testador."[311] O fiduciário, portanto, conserva ou custodia o bem enquanto o indigitado imóvel ou móvel não compuser o patrimônio da Igreja.

PODER

(Livro I do Código Canônico; cânon 129 – Constituição Federal; artigo 1º., parágrafo único)

Estipula a Constituição Federal:

---

309 Cânon 1299, §2º.

310 Cânon 1302, §1º.

311 Plácido e Silva, *Vocabulário Jurídico*, Rio de Janeiro: Forense, 1984, 2.º volume, p. 291.

> "Todo poder emana do povo, que o exerce por meio de representantes eleitos ou diretamente, nos termos desta constituição"[312].

No Estado, então, o poder emana do povo, mas, via de regra, é exercitado por representantes: deputados, senadores, governadores, vereadores, prefeitos e presidente da República. O Judiciário, um dos poderes da República, compõe-se de funcionários públicos, escolhidos mediante concurso de provas e títulos. Os poderes mais importantes do Estado são o Legislativo e o Executivo.

Há situações em que o povo exerce diretamente o poder, sem a intermediação de representantes, a saber: o plebiscito, o referendo e a iniciativa popular de projeto legislativo.

Na Igreja, o poder não advém dos fiéis, mas de Deus, porquanto se trata de uma sociedade teândrica, fundada por Nosso Senhor Jesus Cristo. Na verdade, mesmo na sociedade política, em última análise, o poder também provém de Deus. Para os cristãos, em geral, o poder civil ou do Estado se estriba em certa concessão divina, ou, em outras palavras, goza de legitimidade conferida por Deus. Lembremo-nos da passagem evangélica na qual Jesus se encontra diante de Pôncio Pilatos, o governador romano. Eis o rápido diálogo que entabulam, a partir de uma pergunta de Pilatos:

> "Não me respondes? Não sabes que eu tenho poder para te libertar e poder para te crucificar? Respondeu-lhe Jesus: Não terias poder algum sobre mim, se não te houvesse sido dado do alto; por isso, quem a ti me entregou tem maior pecado"[313].

---

312 Artigo 1º, § único.

313 Jo 19, 10-11.

Além disso, São Paulo corrobora a doutrina do Divino Mestre, admoestando os homens a que se submetam às autoridades constituídas, "pois não há autoridade que não provenha de Deus, e as que existem foram estabelecidas por Deus"[314].

No grêmio da Igreja, não se fala em tripartição no exercício dos três poderes, pois os poderes se concentram na pessoa do bispo, sucessor dos apóstolos. A propósito, nem sequer Motesquieu, o autor da chamada "teoria tripartite de poder" concebeu o poder como dividido ou divisível. Deveras, são três funções diferentes do mesmo poder! É, aliás, o que se depreende do cânon 135, infelizmente mal traduzido em algumas edições do Código Canônico. Prescreve o referido cânon: *Potestas regiminis distinguitur in legislativam, exsecutivam et iudicialem*[315]. Muita vez, erroneamente, traduz-se *distinguitur* por "divide-se". Não. O legislador canônico foi absolutamente exato: os poderes se "distinguem" (e não "se dividem") em legislativo, executivo e judiciário. Assim como assim, o bispo pode delegar os poderes executivo e judiciário. Não é possível, contudo, a delegação do poder de elaborar leis, isto é, do poder legislativo.

O exercício do poder na Igreja a partir da Constituição Apostólica *Praedicate Evangelium*

A Constituição "Pregai o Evangelho", lei disciplinadora da Cúria Romana, entrou em vigor aos 5 de junho de 2022 e trouxe mudança profunda na concepção do governo eclesiástico porque parte do princípio de que o poder na Igreja emana da denominada *missio canonica* (espécie de mandato) e não exclusivamente do sacramento da ordem. Assim, os leigos também podem contribuir. De feito, estabelece o número 5 dos Princípios e Critérios para o Atendimento da Cúria Romana:

---

314 Rm 13, 1-2.

315 § 1º

> "Caráter de vigário da cúria romana. Cada instituição curial cumpre sua missão em virtude do poder recebido do Pontífice Romano, em cujo nome opera com poder vicário no exercício do seu múnus primacial. Por esta razão, qualquer fiel pode presidir um dicastério ou organismo, dada a particular competência, poder de governo e função deste último".

Observe-se a frase "qualquer fiel". Deveras, os leigos estão incluídos. O renomado canonista Cardeal Guirlanda, SJ, afirma que a "Pregai o Evangelho" confirma a tese de que o exercício do poder na Igreja não está atrelado ao sacramento da ordem, isto é, circunscrito principalmente a presbíteros e bispos; o Sumo Pontífice outorga a missão (*missio canonica*) a quem lhe aprouver. À luz da nova legislação curial, nada impede, por exemplo, que até mesmo o Dicastério para a Doutrina da Fé[316], um dos mais importantes dicastérios a serviço do papa, seja também conduzido por um leigo.

De qualquer forma, a constituição em apreço não transformará apenas a realidade da cúria romana, pois, consoante o adágio jurídico, "o mais se aplica igualmente no menos". Neste diapasão, decerto as cúrias diocesanas outrossim passarão a contar com mais leigos em postos-chaves. Quem sabe um leigo como vigário judicial, ou seja, presidente de um tribunal eclesiástico?!

No fundo o Papa Francisco, com esta constituição, não inovou. Apenas deu curso ou aprofundou a exegese do cânon 137, o qual discrimina a competência para o exercício do poder eclesial.

PROCESSO PENAL

(Livro VII do Código Canônico; cânon 1717 - Constituição Federal; artigo 5º, LV)

O processo, qual instrumento civilizatório de composição dos litígios, é imprescindível toda vez que o Estado e

---

316 Nova nomenclatura para a antiga "Congregação para a Doutrina da Fé": artigo 69 da *Praedicate Evangelium*.

a Igreja queiram impor alguma pena. Em se tratando de penas restritivas de liberdade, o "processo penal" propiciará ao réu o direito à ampla defesa. Com efeito, estabelece a Constituição Federal:

> "Aos litigantes, em processo judicial ou administrativo, e aos acusados em geral, são assegurados o contraditório e ampla defesa, com os meios e recursos a ela inerentes"[317].

Acrescente-se a isto a imprescindibilidade do processo formal, conforme estoutra regra da *Charta Magna*:

> "Ninguém será privado da liberdade ou de seus bens sem o devido processo legal"[318].

O chamado "due process of law" é exigido assim no Direito Estatal como no Direito Canônico. Neste ordenamento jurídico, sabemos que existem exceções, como, por exemplo, o delito de aborto, quando a pena se aplica automaticamente (*latae sententiae*), sem a antecedência do processo[319]. No entanto, a regra é o processo, condenando ou absolvendo o réu.

De forma geral, os princípios aplicáveis ao processo penal no âmbito do Estado valem para o Direito Canônico, porquanto se trata, muita vez, de injunções hauridas do Direito Natural ou, então, fruto de convenções e costumes internacionais. A "presunção de inocência", por exemplo, é ditame a ser observado no Direito Estatal e no Direito Canônico, pois dessume do Direito Natural[320].

[317] Artigo 5º, LV.

[318] Artigo 5º. , LIII.

[319] Cânon 1397, §2º.

[320] No novo livro VI, promulgado pelo Papa Francisco em 2021, esta presunção, que não figurava explicitamente no Código Canônico, restou agora regulada no cânon 1321, §1º, cuja tradução é a seguinte: "Toda pessoa é considerada inocente, até que se prove o contrário."

O processo penal, canônico ou do Estado, atenderá ao requisito da "verdade real", ou seja, o juiz ater-se-á aos autos, segundo o adágio *ex actis et probatis*, mas não exclusivamente, uma vez que disporá de maior autonomia para perquirir a verdade sobre os fatos, haja vista os bens em jogo: a liberdade, a honra etc.

A partir do cânon 1717, regra-se o processo penal canônico. Note-se a imperiosidade da "investigação prévia":

> "Sempre que o ordinário tenha notícia, ao menos verossímil, de um delito, deve investigar com cautela, pessoalmente ou por meio de pessoa idônea, sobre os fatos e circunstâncias, assim como sobre a imputabilidade a não ser que esta investigação pareça supérflua"[321].

Estamos aqui em face do "inquérito" do Direito Estatal. A propósito, o "inquérito policial" advém do Direito Canônico. Desta feita, reparamos que o Direito Estatal e o Direito Canônico determinam inquirições que antecederão ao processo penal propriamente dito. Baseado na conclusão das "investigações prévias" (Direito Canônico) ou do "inquérito" (Direito Estatal), o promotor de justiça ajuizará a ação penal.

No Direito Estatal faz-se diferença entre "ação penal pública" e "ação penal privada". Aquela propõe o promotor de justiça (autoridade competente), visando à punição de delito grave, como o homicídio, por exemplo. Ninguém pode abrir mão do direito à vida. A ação privada, por seu turno, incoada pela vítima, objetiva a punição de delitos nos quais se concebe a disponibilidade do direito. Assim, exemplificativamente, os crimes de injúria, calúnia e difamação requestam a iniciativa do ofendido, o qual constituirá um advogado para postular em juízo.

[321] Tradução do §1º do cânon 1777.

No processo penal canônico, insuflado de espírito conciliatório mais que o congênere estatal, torna-se factível o julgamento segundo a equidade[322]. No Direito Estatal, ultimamente, fala-se outrossim em "acordo entre autor e réu", tão somente nos crimes chamados de "menor potencial ofensivo" (exemplos: vias de fato, dano etc.).

É mister ressaltar que no processo penal do Estado, os protagonistas principais (juiz, promotor e advogado) distinguem-se claramente[323]. Na Igreja, sabemos que o poder se concentra na pessoa do bispo, sucessor dos apóstolos, nada obstante, o Direito Canônico esforça-se por distinguir e separar as competências, a fim de evitar injustiças ou deliberações que não primem pela imparcialidade do órgão judicante. Na prática, é claro, a Justiça Penal Canônica tem limitações, notadamente de ordem estrutural, carecendo de indivíduos altamente qualificados[324]. Neste ponto, o Estado dispõe de meios mais aptos para atingir a efetividade do processo penal.

No que toca à marcha (desenvolvimento) do processo, verificamos que no processo penal canônico existe a possibilidade de se compor o litígio por via extrajudicial, desde que conste com certeza o delito e não haja prescrito a ação criminal, expondo-se, brevemente, os fatos e o direito aplicável[325]. Este procedimento extrajudicial é impossível para o Estado, já que, consoante o artigo 5º, inciso LII da Carta Política, reproduzido acima, sem o processo, inexiste qualquer punição.

---

[322] Cânon 1718, §4º.

[323] Juristas de renome criticaram acerbamente o assim chamado "inquérito do fim do mundo" (Marco Aurélio de Melo), instaurado em 2021 pelo Supremo Tribunal Federal (STF), sem a intermediação do Ministério Público (promotor de justiça), confundindo-se a vítima (membro da celsa corte) com o juiz (também membro da suprema corte).

[324] Ainda é diminuto o números de canonistas com formação acadêmica.

[325] Cânon 1720, §3º.

As "medidas cautelares", previstas no Direito Estatal, também atuam no Direito Canônico. Neste diapasão, no decorrer do processo penal, antes da sentença, o ordinário, ouvido o promotor de justiça, poderá destituir o réu do ministério sagrado ou de cargo eclesiástico. Poderá, ainda, impor-lhe ou proibir-lhe a residência em determinado território ou interditar a participação pública na celebração da Santíssima Eucaristia. As referidas restrições cautelares visam a evitar escândalos, defender a liberdade das testemunhas, bem como garantir o curso da instrução penal[326]. Sem embargo, a medida cautelar deve ser revogada, uma vez que cessou a justificativa para a imposição.

Se o advogado é dispensável nos processos canônicos extrapenais[327], é-o imprescindível no processo penal canônico, consoante se depreende da inteligência do cânon 1723. Na hipótese de o acusado não constituir um causídico que o represente, o juiz mesmo nomeará um profissional para desempenhar esse mister. No Direito Estatal, salvo raríssimas exceções[328], o advogado é figura sempre indispensável em qualquer tipo de processo; não apenas no penal. De feito, a capacidade postularia, isto é, a aptidão para comparecer diante do juiz implica a intermediação do advogado. A parte peticiona ao Poder Judiciário por intermédio do advogado.

A faculdade de o acusado falar por último (tão valiosa no Tribunal do Júri, para a fixação da tese da defesa na mente dos jurados) é outrossim salvaguardada pelo processo penal canônico[329]. O ônus da prova, tanto no processo penal do Estado quanto no processo penal da Igreja, compete ao promotor de justiça, pois, como vimos, o princípio de presunção de inocên-

326 Cânon 1722.

327 Por exemplo, no processo de nulidade de matrimônio.

328 Postulações nos chamados "tribunais de pequenas causas".

329 Cânon 1725.

cia é de Direito Natural. Além disso, o acusado não tem o dever de confessar o delito[330]. No Direito Estatal observa-se mesmíssima regra[331], sendo que o réu que mentir no interrogatório não perpetra crime nenhum, ao passo que as testemunhas que faltarem com verdade podem ser processadas por crime de perjúrio ou falso testemunho, uma vez que os testigos possuem a obrigação de expor a verdade dos fatos.

PROMOTOR DE JUSTIÇA E DEFENSOR DO VÍNCULO

(Livro VII do Código Canônico; cânon 1430 – Constituição Federal; artigo 127)

O promotor de justiça e o defensor do vínculo são autoridades que operam no Direito Estatal e no Direito Canônico. Ultimamente, depois das reformas efetuadas pelo Papa Francisco em 2015, o papel do defensor do vínculo nos processos de nulidade de matrimônio alcançou altíssima relevância, vez que não existe mais o "recurso de ofício" ou "recurso automático" em face de sentenças que declaram a nulidade do sacramento. Assim, diante de um processo eventualmente mal instruído ou de sentença ruim, premente a participação do defensor do vínculo. Na prática, só ele tutelará o casamento válido e consumado, resguardando-o sob a égide da indissolubilidade, apanágio de Direito Divino positivo, norma irrevogável.

Para que os misteres de promotor de justiça e de defensor do vínculo sejam desempenhados a contento, faz-se necessária certa estabilidade nos cargos. O Direito Estatal garante a estabilidade de juízes, promotores e outras autoridades do alto escalão. Tal prerrogativa não se traduz em direito personalíssimo, mas em proveito do povo. Na Igreja,

---

330 Cânon 1728, §2º.

331 Ninguém é obrigado a produzir prova contra si mesmo.

muita vez, o defensor do vínculo rigoroso é substituído por outro, mais "sintonizado" com o vigário judicial! De qualquer modo, o Código Canônico sinaliza em prol da estabilidade dos cargos de promotor e de defensor do vínculo:

> "O promotor e o defensor podem ser constituídos para todas as causas indistintamente ou para cada causa em particular; mas, por justo motivo, podem ser removidos pelo bispo"[332].

Todos esses profissionais deveriam portar provisões eclesiásticas. Em suma, a estabilidade é condição para a defesa livre, independente e autônoma do sacramento do matrimônio ou do sacramento da ordem. Se houver defensores do vínculo ou juízes dalgum modo constrangidos, já por temerem a remoção, já por se sentirem ameaçados com outro tipo de represália, a justiça em si ruirá e o prejudicado será o povo de Deus.

O Direito Estatal observa a estabilidade. Eis, a respeito do tema, o escólio de eminente constitucionalista:

> "As garantias que a constituição estabelece em favor dos juízes, para que possam manter sua independência e exercer a função jurisdicional com dignidade, desassombro e imparcialidade, podem ser agrupadas em duas categorias: a) garantias de independências dos órgãos judiciários; b) garantias de imparcialidade dos órgãos judiciários"[333].

Os promotores de justiça estatais fruem da mesmíssima garantia de estabilidade dos cargos outorgada aos juízes.

O promotor de justiça canônico promove labores similares aos do colega do Direito Estatal. Ambos trabalham precipuamente na área da criminalidade. A ação penal, canônica ou do Estado, é via de regra proposta pelo promotor de justiça. Entretanto, não é exato utilizar na linguagem

---

[332] Tradução do cânon 1436, §2º.

[333] Silva, José Afonso. *Curso de Direito Constitucional Positivo*, São Paulo: Malheiros, 2001, páginas 579 e 580.

forense canônica o termo "Ministério Público", nomenclatura exclusiva no Estado brasileiro. Em cada país, a promotoria tem denominação própria.

O promotor de justiça, estatal ou canônico, age, também, nas causas de família. Zelam pelo bem público. São *custos legis*, isto é, guardas da lei. O promotor de justiça canônico pode, por exemplo, em dadas situações, propor ação de nulidade do sacramento do matrimônio.

Tanto na Igreja quanto no Estado, a promotoria pode estar a cargo de homens, incluindo leigos, e de mulheres. Os tribunais eclesiásticos contemporâneos contam com muitos leigos na função de defensor do vínculo.

O promotor de justiça estatal chega ao cargo mediante concurso público de provas e títulos. Já o promotor de justiça ou o defensor do vínculo que lavora no foro canônico necessita ostentar o título acadêmico de doutor em Direito Canônico e ser nomeado pela autoridade competente, *grosso modo*, o ordinário da região. No dia a dia, contudo, por conta da pouquidade de recursos humanos com a necessária qualificação, empossam-se defensores do vínculo ou promotores com mestrado em Direito Canônico ou até com tirocínio e sem nenhum diploma acadêmico.

PROVAS

(Livro VII do Código Canônico; cânon 1526 – Código de Processo Civil Brasileiro; artigo 369)

As provas são "produzidas"; este é o verbo técnico: "produzir". Deveras, produzem-se as provas como meios de convencimento do juiz, que ulteriormente "dirá o direito", aplicando a lei ao caso concreto. Isto ocorre na fase processual chamada "instrução" ou "instrutória". Via de regra, tem o ônus da prova (*onus probandi*) a parte que alega algum fato[334]. Por exemplo, num processo de nulidade de matrimônio, o demandante precisa demonstrar em juízo alguma vicissitude que nulificou o sacramento.

No Direito Canônico, não necessitam de prova os fatos presumidos pela lei, bem como os fatos afirmados por um dos contendentes e admitidos pelo outro. No Direito Estatal, vale a mesma regra. Há "presunções relativas" (*juris tantum*) e "presunções absolutas" (*jure et de jure*). Estas não comportam prova em contrário; aquelas sim. Exemplo de presunção relativa é a consignada no cânon 1101, §1°, pois se presume que o consentimento interno da vontade do nubente esteja de acordo com as palavras e sinais empregados na celebração do matrimônio.

Os "fatos notórios", isto é, de conhecimento geral, não precisam ser provados no Direito Estatal, ao passo que no Direito Canônico, hoje em dia, prevalece o princípio de que é mister provar ao menos a notoriedade do fato afirmado, vale dizer, provar que certo fato é de conhecimento do público em geral.

As denominadas "provas ilícitas" (por exemplo, a gravação de conversa telefônica sem autorização do juiz) são descartadas pelo Direito Estatal. O Direito Canônico segue o mesmo expediente, por força, é claro, de imperativo ético. É o que se depreende da inteligência do cânon 1527, §1°. Eis sua tradução:

> "Podem produzir-se quaisquer provas que se considerem úteis para elucidar a causa e que sejam lícitas".

Assim sendo, por exemplo, o tribunal eclesiástico não deveria legitimar como prova de exclusão do bem da fidelidade, uma carta epistolar trocada entre o demandado e sua amante, na hipótese de este documento advir de furto.

Não se provam, ainda, os "fatos negativos". Exemplo: impossível provar que a demandada nunca esteve na cidade de Santos.

---

[334] Cânon 1526, § 1°

No Direito Canônico, a "confissão" recebe tratamento análogo ao do Direito Estatal. Com efeito, em se cuidando de questão privada, e não pública, quem confessa algum fato desonera a outra parte de prová-lo[335]. Nos processos criminais, todavia, nem no Direito Canônico nem no Direito Estatal, a confissão, por si só, basta para a condenação do réu.

Não se prova o direito; provam-se os fatos. Este é um princípio geral expresso no adágio latino *jura novit curia* (em vernáculo: "o juiz conhece o Direito). De qualquer maneira, eventualmente será necessário provar a vigência de uma lei estrangeira ou mesmo de um costume.

Outrossim, existem as "provas pré-constituídas", as quais se utilizam em juízo ou extrajudicialmente, no dia a dia sadio das relações intersubjetivas. Os instrumentos de contrato, ou seja, os papéis assinados[336] pelas partes pactuantes, são exemplo eloquente de prova pré-constituída.

Observe-se que nos processos de nulidade do sacramento do matrimônio, o tipo mais corriqueiro de prova é a oitiva de testemunhas. Neste ponto, difere o Direito Canônico do Direito Estatal, porquanto os testigos arguidos nos processos de nulidade do sétimo sacramento costumam ser instados a opinar acerca de circunstâncias e situações envolvendo as partes. Já no Direito Estatal, é defeso às testemunhas exprimir qualquer opinião, restringindo-se a relatar o que viram (testemunhas oculares) ou o que ouviram (testemunhas auriculares).

Uma peculiaridade do Direito Estatal, especificamente no Direito do Trabalho: as alegações dos empregados (hipossuficientes) não demandam prova. Por exemplo, João não tem de provar que fazia horas extras todo sábado. Se o empregador não concordar, deve produzir a prova contrária.

---

[335] Cânon 1536, §1º

[336] Ultimamente, é claro, a maioria dos contratos se corporifica não em meios físicos, mas em suportes eletrônicos, igualmente aptos para pré-constituição da prova.

SACRAMENTOS - CELEBRAÇÕES RELIGIOSAS

(Livro IV do Código Canônico; cânon 840 - Constituição Federal; artigo 5º, VI. Acordo Brasil-Santa Sé; artigo 7º, caput)

Por custodiar a liberdade religiosa[337], o Estado resguarda a celebração dos sacramentos e dos cultos de um modo geral. O Acordo Brasil-Santa Sé, Decreto 7.107/2010, prescreve claramente:

> "A República Federativa do Brasil assegura, nos termos do seu ordenamento jurídico, as medidas necessárias para garantir a proteção dos lugares de culto da Igreja Católica e de suas liturgias, símbolos, imagens e objetos cultuais, contra toda forma de violação, desrespeito e uso ilegítimo"[338].

O Código Canônico, por seu turno, regula a administração dos sacramentos e tutela a divindade desses sinais salvíficos que comunicam a graça. O Santíssimo Sacramento (a Eucaristia) tem a estrutura jurídica delineada a partir do cânon 897. Atos atentatórios e vis contra o mais augusto dos sacramentos desencadeiam punições severíssimas, como a excomunhão. Um dos exemplos é o delito tipificado abaixo:

> "Quem joga fora as espécies consagradas ou as leva ou retem com finalidade sacrílega incorre em excomunhão *latae sententiae*, reservada à Sé Apostólica; o clérigo pode ser punido ainda com outra pena, sem excluir a demissão do estado clerical"[339].

A retirada das hóstias sacrossantas do tabernáculo eventualmente se subsumiria ao crime de furto, efetivado por quem pratica o seguinte ato:

---

337 Constituição Federal, artigo 5º, VI.

338 Artigo 7º, *caput*.

339 Tradução do cânon 1382, §1º.

> "Subtrair, para si ou para outrem, coisa alheia móvel: pena – reclusão, de um a quatro anos, e multa"[340].

Há diversos outros delitos canônicos detrimentosos aos sacramentos. Também incorre em excomunhão automática o homem que, sem ser sacerdote, simula a realização do sacrifício eucarístico[341] ou o sacerdote que dá absolvição sacramental à cumplice de pecado contra o sexto mandamento fora do perigo de morte[342]. São apenas exemplos para mostrar quão energicamente o Direito Canônico protege os sacramentos.

A missa, centro da vida do católico, conta igualmente com a proteção do Estado. Eis o disposto no Código Penal Brasileiro:

> "Escarnecer de alguém publicamente, por motivo de crença ou função religiosa; impedir ou perturbar cerimônia ou prática de culto religioso; vilipendiar publicamente ato ou objeto de culto religioso: Pena - detenção, de um mês a um ano, ou multa.
> Parágrafo único - Se há emprego de violência, a pena é aumentada de um terço, sem prejuízo da correspondente à violência"[343].

Desta feita, ninguém, nem mesmo a autoridade policial, pode perturbar a celebração da missa. Se, *e.g.*, houver a incumbência de dar voz de prisão a um fiel que assiste à missa, aguarde-se o término do culto e prenda-o fora da igreja.

Não é só o mecanismo coercitivo do Direito Penal do Estado que zela pelos sacramentos[344]. O Acordo Brasil-Santa Sé, norma jurídica estatal, também acentua certas garantias. Já discorremos sobre a proteção dos cultos, igrejas, símbolos etc., consoante o ditame do artigo 7.º do mencionado

---

340 Artigo 155 do Código Penal Brasileiro.

341 Cânon 1379, §1º, 1º.

342 Cânon 1379, §1º, 2º.

343 Artigo 208.

344 Obviamente também pelos serviços religiosos de quaisquer religiões.

pacto diplomático. Nada obstante, frisa-se a inviolabilidade do segredo do ofício sacerdotal, especialmente do sigilo do sacramento da penitência[345]. Destaque-se, ainda, o direito de clérigos e agentes de pastoral adentrarem hospitais e xadrezes, a fim de ofertar assistência espiritual, administrando os sacramentos[346]. Além disso, o mesmo acordo celebrado entre o Brasil e a Santa Sé consagra a legislação ordinária acerca dos efeitos civis do sacramento do matrimônio[347].

Por fim, paga a pena recordar que em 1989 o Brasil ultimou com a Santa Sé uma avença diplomática exclusivamente sobre a assistência religiosa às Forças Armadas.

SENTENÇA

(Livro VII do Código Canônico; cânon 1607 – Constituição Federal; artigo 5º, LIII; Código de Processo Civil Brasileiro; artigo 489)

O processo começa com a petição inicial (Direito do Estado) ou o libelo (Direito Canônico) e termina com a sentença, que é o ato do Poder Judiciário, a autoridade competente[348] para julgar a lide ou litígio. Na sentença, o juiz diz, definitivamente, quem tem o direito.

Em sentido lato, as decisões dos tribunais do Estado também são sentenças. Assim, o "acórdão" é uma espécie de sentença. Em acepção mais estrita, o termo "sentença" se restringe ao julgamento efetivado pela primeira instância do Poder Judiciário. No Direito Processual Canônico não ocorre essa distinção terminológica; as deliberações judiciais terminativas e definitivas recebem o nome de "sentença", não importa se oriundas de corte de primeira instância ou de segunda instância.

---

[345] Artigo 13 do Acordo Brasil-Santa Sé.

[346] Artigo 8º do Acordo Brasil-Santa Sé.

[347] Artigo 12 do Acordo Brasil-Santa Sé.

[348] Artigo 5º, LIII da Constituição Federal.

O Direito Processual Canônico declina os objetivos da sentença judicial:

> "A sentença deve:
> 1º- dirimir a controvérsia discutida ante o tribunal, dando a cada dúvida a resposta conveniente;
> 2º- determinar quais são as obrigações das partes derivados do julgamento e como devem ser cumpridas;
> 3º- expor as razões e motivos, tanto de direito quanto de fato, nos quais se fundamente o dispositivo da sentença;
> 4º- determinar o referente às custas do litígio"[349].

Pari passu, o Direito Processual Civil lista os elementos essenciais da sentença:

> "I - o relatório, que conterá os nomes das partes, a identificação do caso, com a suma do pedido e da contestação, e o registro das principais ocorrências havidas no andamento do processo;
> II - os fundamentos, em que o juiz analisará as questões de fato e de direito;
> III - o dispositivo, em que o juiz resolverá as questões principais que as partes lhe submeterem.
> § 1º Não se considera fundamentada qualquer decisão judicial, seja ela interlocutória, sentença ou acórdão, que:
> I - se limitar à indicação, à reprodução ou à paráfrase de ato normativo, sem explicar sua relação com a causa ou a questão decidida;
> II - empregar conceitos jurídicos indeterminados, sem explicar o motivo concreto de sua incidência no caso;
> III - invocar motivos que se prestariam a justificar qualquer outra decisão;
> IV - não enfrentar todos os argumentos deduzidos no processo capazes de, em tese, infirmar a conclusão adotada pelo julgador;
> V - se limitar a invocar precedente ou enunciado de súmula, sem identificar seus fundamentos determinantes

[349] Tradução do Cânon 1611.

> nem demonstrar que o caso sob julgamento se ajusta àqueles fundamentos;
> VI - deixar de seguir enunciado de súmula, jurisprudência ou precedente invocado pela parte, sem demonstrar a existência de distinção no caso em julgamento ou a superação do entendimento"[350].

SUJEITO PASSIVO NAS SANÇÕES PENAIS

(Livro VI do Código Canônico; cânon 1321 - Código Penal Brasileiro; artigo 26)

Na perspectiva do Direito Penal do Estado, o sujeito passivo das punições é sempre uma pessoa física. As pessoas jurídicas não cometem crime; cometem-no os homens que as compõem.

Tanto para o Direito da Igreja quanto para o Direito Estatal, todo ser humano é considerado inocente, até que se prove o contrário[351]. Nada obstante, o cânon 1321 é novidade do novo Livro VI, promulgado em 2021. O Estado estipula que deve haver uma sentença penal condenatória com trânsito em julgado, isto é, contra a qual não caiba mais recurso.

O Direito Canônico e o Direito Estatal distinguem entre "culpa" e "dolo" na perpetração do delito. Com efeito, para o Direito Penal Canônico, só se pune a pessoa que deliberadamente violou uma lei ou preceito (*deliberate vilavit*), ou seja, o agente que atuou com dolo[352]. Não há punição para o chamado delito culposo, quando, segundo o texto do Código Canônico, o infrator agiu com omissão da devida diligência[353]. Quem praticou o delito canônico de forma culposa (omissão da devida diligência) só será punido se a lei (o código) ou o preceito dispuser a respeito da sanção. Aqui surde diferença

---

[350] Artigo 489 do Código de Processo Civil Brasileiro.

[351] Cânon 1321, §1º; artigo 5.º, LVII da constituição federal.

[352] Dolo: quando se quer o resultado ou se assume o risco de produzi-lo.

[353] Cânon 1321, §3º.

visceral entre os dois Direitos, o canônico e o estatal, porquanto o Código Penal Brasileiro e outras leis esparsas *grosso modo* punem os delitos ou crimes culposos. Pensemos, por exemplo, nos crimes de trânsito, infelizmente tão comuns. Se houver óbito, o infrator é processado por homicídio culposo, já que não se quis o resultado morte. A pena é mais branda.

Explicitemos que a "culpa" no Direito Canônico, como vimos, se define por omissão da devida diligência (*omissione debitae diligentiae*), mas para o Direito Penal do Estado, a "negligência" (omissão da diligência) é apenas uma das três modalidades de culpa: imprudência, negligência e imperícia[354].

As regras de inimputabilidade[355] do praticante do delito são parecidas nos dois ordenamentos jurídicos. Estudemos alguns aspectos.

O amente, ou seja, quem carece do uso da razão é deveras inimputável nos dois Direitos[356]. Já no item maioridade, o Direito Penal Canônico isenta de pena o fiel antes dos dezesseis anos[357] e o Estado antes dos dezoito anos[358].

O Direito Penal Canônico exime de pena o sujeito que, sem culpa, ignorava estar infringindo uma lei ou um preceito penal, sendo que a ignorância se equipara à inadvertência ou ao erro[359]. Esta possibilidade não é plausível no Direito Penal do Estado, uma vez que se atém estritamente ao princípio de que a ninguém é lícito descumprir a lei, alegando não conhecê-la: *ignorantia legis neminem excusa*.[360]

---

[354] Artigo 18, II do Código Penal Brasileiro.

[355] O sujeito não é passível de sanção ou pena.

[356] Cânon 1322; artigo 26 do Código Penal Brasileiro.

[357] Cânon 1323, 1º.

[358] Artigo 228 da constituição federal.

[359] Cânon 1323, 2º.

[360] Artigo 3º da Lei de Introdução às Normas do Direito Brasileiro.

O Direito Penal Canônico também libera da pena quem agiu por força de violência, caso fortuito ou não pôde evitar o ocorrido[361]. Estas hipóteses também se verificam no Direito Penal do Estado. Quanto ao caso fortuito ou força maior, os lentes costumavam exemplificar com a queda do infrator em tonel de aguardente. Ébrio não por vontade própria, não responde pelo delito que praticou[362].

Igualmente não está sujeito à sanção o fiel que, sem culpa, julgou ocorrente uma das circunstâncias indicadas nos itens 4° e 5° do cânon 1323[363]. Em suma, estes e outros princípios e normas alberga-os também a legislação estatal, pois se trata de ditames que acompanham o Direito Penal em todas as potências civilizadas ao redor do mundo. Desta feita, tanto no Direito Penal Canônico quanto no Direito Estatal, subsistem critérios para atenuar a pena[364], para aumentá-la em vista de certas circunstâncias, como a reincidência ou a dignidade do cargo que ocupa o infrator[365], para diferençar o delito tentado do delito consumado.[366]

O Direito Penal Canônico prevê que a lei particular, isto é, o ordenamento jurídico da diocese, estabeleça outras circunstâncias delitivas eximentes, atenuantes ou agravantes, tanto como norma geral quanto para delitos determinados[367]. Esta regra decorre da natureza jurídica das Igrejas particulares, quase soberanas e ligadas diretamente ao Pontífice Romano. No Brasil, a elaboração das leis penais é de competência federal[368]. *Mutatis mutandis*, neste aspecto,

---

[361] Cânon 1323, 3°.

[362] Artigo 28, §1° do Código Penal Brasileiro.

[363] Cânon 1323, 7°.

[364] Cânon 1324; artigo 66 do Código Penal Brasileiro.

[365] Cânon 1326; artigo 63 do Código Penal Brasileiro.

[366] Cânon 1328; artigo 14, II, do Código Penal Brasileiro.

[367] Cânon 1327.

[368] Artigo 22, I, da constituição federal.

a peculiaridade canônica remete ao modelo americano, no qual cada Estado da federação legisla autonomamente sobre Direito Penal.

SUPREMA AUTORIDADE NA IGREJA

(Livro II do Código Canônico; cânon 330 – Constituição Federal; artigo 84)

Na Igreja, – todos sabem – quem exerce a suprema autoridade é o bispo de Roma, ou seja, o Pontífice Romano. A autoridade do sucessor de São Pedro lastreia-se no Direito Divino positivo. Com efeito, nosso Senhor cometeu ao apóstolo São Pedro o mister de chefiar a Igreja incipiente: "Tu és Pedro e sobre esta pedra edificarei a minha Igreja" (Mt 16, 18). Continua nosso Senhor: "As portas do inferno nunca prevalecerão contra ela. Eu te darei as chaves do Reino dos Céus e o que ligares na terra será ligado nos céus, e o que desligares na terra será desligado nos céus" (Mt 16,19-20).

Nunca houve solução de continuidade no poder papal, mesmo durante o período caliginoso deflagrado com a tomada de Roma em 1870, no pontificado de Pio IX. Quase 60 anos depois, ultima-se, em 1928, o chamado Tratado de Latrão e fica, assim, criado o Estado da Cidade do Vaticano.

O papa, chefe supremo do Vaticano, Estado dotado de soberania, celebrou com o Brasil o festejado Acordo Brasil-Santa Sé. De fato, nenhuma outra religião professada no torrão pátrio lograria tal *status*. Somente o catolicismo goza de tamanha prerrogativa, em virtude de seu líder máximo ser outrossim chefe de Estado, ou, em outras palavras, em virtude de a sede do catolicismo, o Vaticano, ser um Estado com soberania.

O Papa e os demais chefes de Estado

Se compararmos a natureza da autoridade pontifícia com a autoridade que exerce o presidente da República, constataremos algumas dessemelhanças acentuadas. Se não, vejamos.

O Pontífice Romano não é eleito pelo povo de Deus, embora, nos albores da Igreja, isto tenha ocorrido. É o Espírito Santo que escolhe o sucessor de São Pedro, na pessoa dos cardeais reunidos em conclave. Deveras, Deus sempre utiliza as mediações humanas para agir na história, principalmente para obrar no grêmio de sua Igreja.

O líder máximo da Igreja católica é uma espécie de monarca. Tem toda potestade. Não precisa se submeter nem sequer à legislação canônica. Na prática, é claro, os papas costumam reverenciar com bastante humildade as normas do Código e as leis extravagantes. Mas, quando Bento XVI renunciou à cátedra petrina em 2013, ele nem sequer mencionou o cânon 332, §2.º no documento da renúncia.

Outra diferença entre o múnus do Pontífice Romano e o do presidente da República toca à duração do mandato. No Brasil, o mandato de presidente prolonga-se por quatro anos, com direito à reeleição. O bispo de Roma reina até a morte ou até a renúncia. Os outros bispos, desde o Concílio Vaticano II, quando atingem a idade de 75 anos, renunciam ao cargo[369].

Interessante também ajuntar que não cabe recurso ou apelação contra um decreto emanado pelo Pontífice Romano,[370] sendo bem diferente a situação do presidente da República, cujos atos jurídicos podem passar pelo exame do Supremo Tribunal Federal (STF), sob a craveira da legalidade

---

369 Cânon 401, §1º.

370 Cânon 333, §3º.

e não do mérito, haja vista a separação e independência entre os três poderes republicanos.

TRIBUNAIS DA SÉ APOSTÓLICA

(Livro VII do Código Canônico; cânon 1417 – Constituição Federal; artigo 101)

A Igreja Católica possui vários tribunais superiores. A Constituição Apostólica *Praedicate Evangelium*, de 2022, regula-os a partir do artigo 189, sob o título de "Órgãos da Justiça". Em primeiro lugar, a Penitenciaria (ou Penitenciária[371]) Apostólica[372]. Trata-se de corte *sui generis*, porquanto julga os casos de foro interno, algo inconcebível no Direito Estatal e, destarte, inexistente.

O tribunal na cúspide da Justiça Eclesiástica se chama Supremo Tribunal da Assinatura Apostólica. "(...) Exerce a função de Supremo Tribunal da Igreja e também prevê a correta administração da justiça na Igreja."[373] No Brasil, o tribunal similar é o Supremo Tribunal Federal (STF), que se incumbe mormente das lides de natureza constitucional:

> "Compete ao Supremo Tribunal Federal, precipuamente, a guarda da Constituição (...)"[374].

A Igreja ainda conta com um tribunal superior em nível hierárquico equivalente ao Superior Tribunal de Justiça (STJ) brasileiro. Refiro-me ao Tribunal da Rota Romana. Determina a Constituição Apostólica "Pregai o Evangelho":

> "O Tribunal da Rota Romana serve ordinariamente como instância superior no grau de apelo à Sé Apostólica para

---

[371] Ambas as prosódias estão corretas, tanto "penitenciaria" quanto "penitenciária"; palavra derivada de "penitência".

[372] Artigos 190 a 193.

[373] Artigo 194.

[374] Artigo 101 da Constituição Federal.

> tutelar os direitos na Igreja; prevê a unidade da jurisprudência e, por meio de sentenças próprias, auxilia os tribunais inferiores"[375].

O Direito Estatal brasileiro prevê diversos tribunais superiores, além do STF e do STJ. Ei-los: Tribunal Superior Eleitoral (TSE), Tribunal Superior do Trabalho (TST) e o Superior Tribunal Militar (STM). O Tribunal de Contas da União (TCU) não é propriamente um sodalício jurisdicional, mas órgão do Poder Legislativo, encarregado de fiscalizar as finanças dos três poderes da República.

O acesso aos tribunais superiores do Estado ocorre, *grosso modo*, mediante recurso processual, ao passo que os tribunais superiores da Sé Apostólica, em algumas hipóteses, podem ser acionados diretamente pelos fiéis, sem a necessidade de o pleito passar pelo crivo dos tribunais inferiores, isto é, dos tribunais eclesiásticos comuns, de primeira e segunda instâncias. Assim, por exemplo, qualquer fiel tem o direito de postular a nulidade do seu matrimônio diretamente ao papa ou ao Tribunal da Rota Romana. Todavia, parece haver certa desvantagem jurídico-processual nesse comportamento, pois se o Santo Padre ou o Tribunal da Rota Romana, que invariavelmente o representa nestes litígios, declarar a validade do sacramento, cessa a viabilidade de qualquer apelo[376]. Aliás, quem interpusesse apelação incorreria em delito penal canônico[377].

Novidade importante trouxe ao panorama jurídico pátrio o Acordo Brasil-Santa Sé no que tange à factibilidade de homologação de sentença eclesiástica em matéria matrimonial. Deveras, estatui o mencionado pacto diplomático, com força de lei:

---

[375] Artigo 200, §1º da Constituição Apostólica *Praedicate Evangelium*.

[376] Cânon 1404.

[377] Cânon 1366.

> "A homologação das sentenças eclesiásticas em matéria matrimonial, confirmadas pelo órgão de controle superior da Santa Sé, será efetuada nos termos da legislação brasileira sobre homologação de sentenças estrangeiras"[378].

No Brasil compete ao Superior Tribunal de Justiça (STJ) homologar as sentenças estrangeiras[379]. De outra banda, o "órgão de controle superior da Santa Sé", referido na avença em tela, é o Tribunal da Assinatura Apostólica, conforme acabamos de estudar acima.

---

[378] Artigo 12, §1º do Acordo Brasil-Santa Sé.

[379] Artigo 105, I, da Constituição Federal.

Este livro foi composto com as famílias tipográficas Source Sans Pro, Palatino Linotype e Garamond e impresso em papel offset 63g/m² pela **Gráfica Santuário**.